语文学科核心素养与语文教学

语文何为

凌宗伟 著

华东师范大学出版社
·上海·

图书在版编目（CIP）数据

语文何为：语文学科核心素养与语文教学/凌宗伟著．—上海：华东师范大学出版社，2022
ISBN 978-7-5760-3020-4

Ⅰ．①语… Ⅱ．①凌… Ⅲ．①中学语文课－教学研究 Ⅳ．①G633.302

中国版本图书馆 CIP 数据核字（2022）第 154016 号

语文何为
语文学科核心素养与语文教学

著　　者	凌宗伟
责任编辑	彭呈军
特约审读	伍忠莲
责任校对	李琳琳
装帧设计	郝　钰

出版发行	华东师范大学出版社
社　　址	上海市中山北路 3663 号　邮编 200062
网　　址	www.ecnupress.com.cn
电　　话	021-60821666　行政传真 021-62572105
客服电话	021-62865537　门市（邮购）电话 021-62869887
地　　址	上海市中山北路 3663 号华东师范大学校内先锋路口
网　　店	http://hdsdcbs.tmall.com

印 刷 者	杭州日报报业集团盛元印务有限公司
开　　本	787 毫米×1092 毫米　1/16
印　　张	12
字　　数	181 千字
版　　次	2022 年 10 月第 1 版
印　　次	2022 年 10 月第 1 次
书　　号	ISBN 978-7-5760-3020-4
定　　价	38.00 元

出版人　王　焰

（如发现本版图书有印订质量问题，请寄回本社客服中心调换或电话 021-62865537 联系）

序 言

有怎样的语文理解，就有怎样的语文教学。《普通高中语文课程标准》（2017年版2020年修订）明确强调："随着社会和教育事业的发展，语文课程更加强调以核心素养为本。"《义务教育课程方案（2022年版）》同样强调要"着力发展学生核心素养"。当下，我们讨论中学语文的教与学，应该在这一语境下展开。任何一位尽职的语文教师都必须认真思考如何在语文教学过程中落实课程标准所提出的语文学科核心素养的要求以及如何达成语文学科的教学目标。

这本书可以说是我这些年研读高中"新课标""新教材"的一些心得，也可以说是我这些年的一些语文教学的思考与实践的总结。书的结构按照理解—设计—课堂的思路组织。上编谈我个人对语文及语文教学的理解与认识；中编重点讨论语文教学设计与语文教学的关系，并呈现我为新编高中《语文》教学设计的一些具体案例；下编围绕具体的课堂教学实践，讨论如何由设计走向教学。

我一直认为，有怎样的语文理解就有怎样的语文教学，但有怎样的语文设计未必有怎样的语文教学，因为教学面对的是具体的学生、特定的场景，同时还要受制于设备与时间等客观条件。正因为如此，想要在课堂上提升学生的语文学科素养，教师课前不仅要花气力研读课程标准与教材，而且要费心思研究学生，并在此基础上做出充分的预设，设计合适的教学目标与任务，谋划通过哪些具体的教学活动与学生一起完成教学任务，达成教学目标。但设计终究是设计，课堂教学总有一些意料之外的情况发生，如何应对，需要教师的智慧。这智慧不仅需要经验，还要知识。所以，我认为，用心的教师一定会在教学中学习教学，如此才能"遇物则诲，相机而教"，一位成熟的教师会有意无意地将设计贯穿在整个教学过程中。而要做到如此，则与教师个人的教学理解紧密相关。

教学理解，换个时髦的说法就是教学主张。我认为，无论是有意还是无意，教师在实际的教学行为与教学言论中总带有个人的认知与理解。随着教学经历的增长，教师慢慢地会自觉思考和厘清自己对学科教学及其目标、性质与任务的认识，也会开始审视教学主张的内涵及其与教育价值之间的关系等问题，只不过这样的思考多停留在浅层而没有深入下去。

那么，教学主张与教学方法、教学策略、教学流程、教学模式是一回事吗？显然不是。因此，我觉得有必要厘清一下教学方法、教学策略、教学流程与教学模式这几个概念。教学方法包括教师教的方法（教授方法）和学生学的方法（学习方法），是教授方法与学习方法的统一。教学策略一般指在特定教学情境中教师为实现教学目标和适应学生认知需要而制订的教学程序计划、采取的教学实施措施。教学流程也称教学过程、教学步骤、教学程序，是指师生在共同完成教学任务过程中的活动状态及其时间进程。教学模式是指教师在一定教学思想或教学理论指导下建立起来的较为稳定的教学活动框架和活动程序。与教学主张相关的还有一个概念，即教学风格。教学风格是教师的教育思想、个性特点、教育艺术在教学过程中经常性的表现，与教师的禀赋、学养、经验和眼界有着密不可分的联系。

在我看来，教学主张是教师在对教育哲学、教学哲学、教学追求、教学理解认识的前提下对课堂教学形成的认识，核心是对师与生、教与学之间关系的认识，以及在这些认识影响下对教育、课程、教材和教学形成的理解。可以说，教学主张统摄教学方法、教学策略、教学流程、教学模式。因此，教师有什么样的教学主张，就会有什么样的教学方法、教学策略、教学流程、教学模式。那么，教师的教学主张是怎样形成的呢？就我个人的经验而言，教学主张的形成是一个由模糊走向清晰的过程，其内涵在实践中不断丰富。我曾对自己的教学主张的形成进行了这样的回顾：二十多年前，有人问我，你的教学主张是什么？当时我还没怎么把它当回事。后来，我反问自己，我有自己的教学主张吗？如果有，那我的教学主张是什么？既然有人向我提出了这样的问题，那我是不是应该认真地梳理一下呢？于是，我开始有意识地审视自己的教学过程，并阅读了一些教学理论著作，认真研究了一些同行对自己的教学实践以及教学言论的批评与建议……我写了一些文章，例如《"遇物则诲，相机而教"——我的语文教学观》《教育价值应成为学科教学的追求和旨归》《我为什么主张"遇物则诲，相机而教"》，也有了一本阐释自己如何认识语文教学的小册子——《有趣的语文：一个语文教师的"另类"行走》。我的教学主张就这样慢慢外显出来。

　　如上所说，教学主张涉及不少要素。其中一个维度的要素是教育哲学、教学哲学、教学追求、教学理解等。教师应该思考教育哲学及与之相关却又各有内涵与外延的概念之间的联系与差异。教师形成教学哲学的基础是他对教学有着怎样的一种追求，而这又与教学理解密不可分。这其实是一个由形而下到形而上的过程。我的教育哲学可以用一句话概括，那就是"教育是使人成为人的事业"。具体来讲，教育是使自然人成为社会人的事业。这样的教育哲学影响了我的教学哲学的形成，慢慢地，"教学活动是一种生命的互动"就成了我的教学哲学，它反映了我对教与学关系的理解。那么，我的教学追求又是什么呢？我将之归纳为三个关注，即关注生命、关注生活、关注生长。我最初以为教学就是彰显生命的舞台，师生充当着"一场戏"的"戏"前、"戏"中、"戏"后的各种角色。后来当我在本尼迪克特·凯里所著《如何学习》中读到下面这段文字时，我觉得自己对教学的理解是合理的："我们不妨把大脑的不同区域看成电影摄制组的工作人员。摄影师负责取景、构图，他们把镜头拉近、推远，然后用胶片录下影像；录音师负责录音，他们会调整音量大小，并过滤掉背景噪声。还有剪接师和编剧、绘图师、道具设计师、作曲家，他们负责展现角色的语气、感受，也就是情绪的表达，还有专人保管书籍、整理财务单据、记录人物与事件。再就是导演，他会决定将哪段剪辑放到哪里合适，恰到好处地把前因后果都编织到一起，从而演绎出一个完整的故事来。这个故事并不是随意编就的，而是针对灌输到你各个感官中的原材料所做出的最恰当的诠释。"这段文字实际上谈的就是学习者角色的多重性。

另一个维度的要素涉及对教育、课程、教材和教学的理解。我的教育哲学告诉我，教育是一种社交活动，教育关系是一种"我"与"你"的关系。课程呢？就教而言，它是"教程"；就学而言，它是"学程"。教材则是落实"教程"和"学程"的媒介。教学是师生通过教材所发生的社交活动的具体化，这当中既有不少预设的因素，又有许多不可预设的因素，所以教师要"遇物则诲，相机而教"。教师在梳理教学主张的时候，应该弄清楚自己对教学的理解，如果说学习是"把别人知道的输入自己的大脑"的过程，那么教学就是"教学生如何把别人知道的输入自己的大脑"的过程，这就涉及教学方法、教学策略、教学流程和教学模式了。

当然，如何理解教学主张所涉及的要素，不同的人有不同的立场。比如，严清先生认为，教学主张应包含教学目的（价值论）、教学认知（本体论）、教学关系（主体论）、教学行走（工艺论）等多个方面，他是这样阐释他所谈及的要素的："我的教学目的：和我的学生共同享用我们创造的语文生活；我的教学认知：语文是人之本质的符号化，在耳为语，在目为文，用'有意识的声音'和'有生命的图符'来完成人的表达和表征；我的教学关系：主体间性、班级授课制语境下的教师中心与学生学习自由（审美）并行；我的教学工艺：法度潜隐于艺术化的流程中。"严清先生对教学主张的理解基于他的教育哲学和教学哲学，我尤为认同他所谈到的"教学目的（价值论）"这一要素，因为任何教学行为总是为达成教学目的服务的。可以这么说，理解教学的第一步就是要弄明白教学目的是什么，这也是弄明白自己的教学主张是什么的基础。

如果一定要将自己的教学主张陈述出来，我以为首先要做的是回顾自己这些年来的教学实践与教学思考，梳理一下左右自己教学行为的因素究竟有哪些，这当中最根本的因素是什么。当初，钱梦龙先生说我"备课精细，功底深厚"，肖川先生说我上课"大气磅礴，细处摄神"，陈有明先生总提醒我"你就是你自己"。这些表述描述的只是我在教学中表现出来的素养、态度、个性、风格，却都不是我的教学主张。我的教学主张是"遇物则诲，相机而教"，它是我对教学是什么和怎么做（教）的意见。"遇物则诲，相机而教"是我在对自己的教学理解与教学行为的反思中慢慢形成的，其内涵也是不断完善的。教师的教学主张要自己提出来，而不是通过别人概括出来。因为别人看得见自己的教学行为，却不一定看得出教学行为背后的教学主张。

当下，我们对语文教学的理解，自然离不开对"新课标""新教材"的"新要求"的研究。

目 录

上编
我们如何理解语文

厘清概念是讨论问题的前提 / 3
语文教学为什么会花样层出不穷 / 7
语文教师应该有自己对语文的理解 / 10
语文教师文本解读的立场和精神 / 16
语文作为语文教师的一种生活方式 / 18
关键还是要看具体的教学行为 / 20
还是要读点书 / 22

中编
好的教学需要好的设计

课程标准、助学系统与教学设计 / 27
从教学目标的确定开始设计 / 31
设计思维下的教学设计 / 35

理性看待日趋火热的大单元教学设计 / 39
基于真实情境的探究学习与项目学习设计 / 42
语文教学设计必须正视语文学科的特殊性 / 44
整本书阅读与学习任务群的教学处理 / 47
语文教学如何实现"教—学—评"一致性要求 / 52
不同的课型应该有不同的教学设计 / 59
将设计贯穿于课前、课中、课后 / 73

下编
课堂是师生共同生长的天地

语文学科同其他学科一样是一门实践性课程 / 85
阅读教学还是要回到作为教材的文本本身 / 90
听、说、读、写的背后是思维、情感、态度及价值观 / 93
阅读教学中如何培养学生的逻辑思维 / 102
在具体课文的教读中引发学生的思辨性阅读与表达 / 122
如何就"事"说"理" / 137
"吃透"教材才能顺应课堂，才能成就学生 / 151
评课的过程是一个明晰自己教学理解的过程 / 172

参考文献 / 179

上编
我们如何理解语文

几十年来，语文教学一直比较热闹，花样层出不穷，但除了诸如传统相声《报菜名》一样的真语文、新语文、正道语文、深度语文、三度语文、生命语文、青春语文、诗意语文、共生语文、本真语文、本色语文、情景语文、简约语文、主题语文、情智语文、五重语文、和美语文、诗化语文、诗性语文、感悟语文、人生语文、情美语文、导读语文、轻简语文、本体语文、导学语文、创美语文、文化语文、绿色语文、生态语文、绿色生态语文，还有什么语文要素、语文……再加上各省市这派那派的语文，近乎上百种的语文叫法之外，语文在本质上并无进展。

上面这些"语文"与课程标准界定的语文，或者说与一般意义上理解的语文究竟有什么不一样？本编试图从我的个人认识出发，做一些探讨。

厘清概念是讨论问题的前提

我认为，任何一位语文教师抛出一个这样那样的语文术语，他总得界定一下它的内涵与外延，即便他清楚自己使用的概念的内涵与外延，也须知"人们在交流时，总是在不同的意思上使用同一个词语，每个人都会按自己的理解、方式去使用词语"。"语言是一个非常不完美的交流媒介——云遮雾绕、朦胧晦涩、模棱两可，充满歧义和各种致人误会的陷阱。""准确表达自己的真实意思，是这个世界上最困难的事情之一；倾听别人在说些什么，进而准确识别出他们的真实意思，同样困难。"（莫提默·艾德勒《如何听 如何说》）

我并不反对出现新词，我只希望一个新词出现之前不要忘了孟子那句"贤者以其昭昭使人昭昭，今以其昏昏使人昭昭"。我想说的是，当我们在没有界定其内涵与外延的时候就弄出一个新词到处宣扬，这是在戏弄语文。

这个世界喜欢论理的不少，但实际上恰如陈嘉映先生所言："什么道理，初说起来，都像是可以成个道理，稍加追究，却难免生出疑问，需要进一步澄清。"（陈嘉映《说理》）一个跟别人讲道理的人，首先自己要清楚自己说的道理是什么道理。许多道理其实是建立在我们已默会的知识基础上，也有它的道理。

我以为语文就是语文，凡是在语文前面加限制语的，不是将语文窄化了，就是将语文泛化了。

退一步思考，语文教师弄出这些语文概念也是情有可原的。因为语文这个概念，从出现到现在都有争议，恐怕这也是语文教学概念（其实不过是名词）层出不穷的原因。关于要不要界定语文，陈兴才老师的观点是：他多年前就放弃了界定语文的努力。他认为，课程上的语文，既找不到古代的对应，也找不到国外的对应。在我们现在不分科的状态下，非要给语文定位，真的很难，所以，他倾向于用阅读和表达来界定语文。如果回到分科状态，是不是就少了争议？英语国家基本是"两科+1"的分法，合起来相当于我们的语文，即母语+文学+写作，其中写作是公共化的，不仅包含母语和文学相关的写作，还与其他学科的学习交织，是全科性的。陈兴才老师认为："语文的学科内容争议，从当年作为普及教育扫盲需要而低设了临时的暂定的学科（实际上指向小学层次）并定名为语文后，就不可避免地存在，而且只要名称存在，争议就必然存在，糟糕的是，现在语文学科很多大的争议，几乎都跟这个原初的课程内容模糊有关。""当年从为让很多人读书识字出发，弄出个语文学科，然后就一直如此，其实在五六十年代就应该变掉，因为早已不是扫盲和普及几年级教育的时代了。包括现在的语文学习的内容还是以单篇短选文为主，显然是那个低层次出发点的遗留。这些短选文既不能有效地学习语言，又不能用来有效地学习文学，学习写作。"

我认为陈兴才老师的观点不无道理，但厘清概念是表达的基础，不是你想不想努力的问题。以我的偏见，我们这些语文教师的通病往往在自以为是，自以为懂语文，认为自己的语文课是最好的，更认为自己的语文教学主张可以自成一派，所以语文圈子很热闹。在实际的教学过程中，语文已经是个筐了，很大很大的筐，什么都可以往里装，譬如，前几年的教材就有图片阅读之类的东西，问题是，图片属于语文吗？似乎不曾有人提出疑义。与之相关的，还有什么"大语文"之类，更有将语文等同于母语的，诸如此类的现象实在让我们这些语文教师应接不暇。尤其是我这样没有接受过正规中文本科教育的语文教师，再加上生性愚钝，在这些语文概念面前手足无措。这也是我教了四十年的语文，却越来越远离语文教师群体尤其是语文名师群体的原因，因为我觉得自己越来越不懂语文了。

拉塞尔·哈丁的《群体冲突的逻辑》中关于群体身份认同的言说，或许可以帮助我们更好地认知语文教育圈子乃至中小学教育圈子"寻找同一尺码的人"的动机，以及他们"抱团取暖"的行为方式。

关于认同，有两个重要的问题需要回答：（1）人们为何以及如何形成其所拥有的认同？（2）认同的影响何以如此重要？

认同的重要性很可能与某种条件有关，当这种条件出现的时候，个体作为优势群体的一分子获得了某种潜在的好处。

群体认同的重要性就在于它能够引导人们为了更大的权利而进行协作。（我以为这可以帮助我理解那些名流的"教育思想"及其研究所、研究院之类，还有他们的史官、塑像。换个角度，这也在教育现象学关注的范畴。）

亦如阿马蒂亚·森之洞察：一旦人际关系被定义为一种单一的群体间关系，而完全忽略一个人与其他群体的联系，那么人就被"渺小化"了。换言之，一旦人被填塞到一个个"小盒子"之中，冲突与暴力就在所难免。

个体的自我利益常常可以很好地契合群体的利益。契合一旦达成，通常就能够酿成骇人听闻的后果。如果群体无从实现这种契合，那么这个世界的许多方面就可能因此变得美好一些。

客观的身份并不能说明任何问题——实际上，许多群体曾因此深受其害。

所以，我选择远离这些语文流派，因为我不想被毁灭，当然也不想在中小学语文圈子里独树一帜。我只是希望语文教师在推出一个又一个"语文"时，能明确界定一下语文的内涵与外延。

2021年暑假期间，福建有一位高中语文教师告诉我，他在认认真真地听高中语文统编教材国家级专家的解读。我调侃了一句："认认真真地聆听吧。"他说他确实很认真。我说我恐怕没有你这么认真，我甚至认为你可能听了某些专家的意见会有些失望。当天下午，他给我发来一位专家讲座的演示文稿的最后一页，上面赫然写着"感谢聆听"4个大字。后来，我在网络社交媒体上写了一句话："讲语文，讲得再好，这一页就把自己给出卖了。"有朋友看了这一句话后，说这PPT应该是信息技术老师做的。我有一位从事信息技术教学的朋友——张剑平老师，他说信息技术老师不背这个锅。

当教师，尤其是当语文教师，应该具备语文基础知识：词义、语性、词语的感情色彩及其搭配，实在不明白，可以翻翻词典。在教学和日常的表达中，我们一不小心是会闹笑话的。自己闹笑话不可怕，可怕的是会影响教师同行以及学生的认知，"群体性无意识"会"使人们跟着领头者的脚步无意识前进"。大约在 2003 年，我第一次看到本省的一位讲课者的演示文稿的最后一页出现了"感谢聆听"4 个大字，当时我大大地吃了一惊！我还写了一段很短的文字，强调了一下"聆听"是敬词而不是谦词，讲课的人谢谢听课的人的"聆听"，貌似谦卑实质是傲慢。尽管我们可以理解这种傲慢是不经意的，但是暴露了讲课者语文基础知识的欠缺。做教师，尤其是做语文教师，在这方面千万不可以疏忽。

类似这样的小错误，自己没有发现也是可以理解的。譬如，即便是名师，也一样会出现"我的书房的书橱上，屹立着部分拙著"的句子（《现代汉语词典》：屹立，像山峰一样高耸而稳固地立着，常用来形容坚定不可动摇）。问题是，我们这些教师是不是也没有发现呢？我看未必。

我在这里想强调的是，一位称职的语文教师应该具备语文基础知识。

语文教学为什么会花样层出不穷

如前面所说,我非常理解提出这语文、那语文的语文教师,也理解教师同行的赞同,赞同至少是出于礼貌。但是,一个概念说出来,总要给它下个相对严谨的定义,或者做一个相应的诠释吧?再不济,限定语要用到位吧?譬如"生成性语文课堂""生成性语文教学"之类,姑且不论这些是不是可以成立,至少它会让像我这样的只从学科范畴的"语文"去理解语文的人提出异议吧?有教师谈"简约语文",我不支持。"简约"有三层意思:简略;不详细;简省。其基本意思是"简略",用来限制课堂和语文合适吗?除非你给它增加个词义,然而,有那么简单吗?教学不是只有简约,也应该有详尽,这是个常识问题。我知道我提出这样的问题多少会得罪一批人……弄个什么语文可能有助于推广自己的教学主张或者教学模式,但这个语文没有从概念的内涵与外延去界定就是对他人的不负责。如果你想让对方明白你说的道理,至少得把概念弄明白,说清楚。要知道,对任何一个人来说,只有默会知识是不够的,还要具备把这些道理讲明白的基本能力。因为有的道理明摆在那里,不说也明白,有的道理则需要反复琢磨、推敲、分析。至少得把一些概念弄清楚,因为"概念考察是穷理的一部分,核心部分,它考察那些穷理难免用到的概念"。(陈嘉映《说理》)

语文圈子里的这语文、那语文,初听起来很有道理。仔细推敲,就会发现,提出这语文、那语文的那些人自己都没有把这语文、那语文的基本概念梳理清楚。当然,也许因为我们这些听者(读者)不具备他们的这语文、那语文的默会知识。正因为如此,贩卖这语文、那语文的人更有义务将这些知识讲清楚。譬如,你说你是"诗意语文",那么何谓"诗意",何谓"语文"?

"诗意"与"语文"之间的关系怎样？如何达成"诗意语文"？"诗意语文"与其他语文最大的区别在哪里？等等，你总得想办法让听者（读者）弄明白。即便讲明白了，也不能够说明你的这语文就一定比语文还语文，就如你的成功之道，未必可以成为别人的成功之道一样。

为什么人们的表达越来越粗疏，越来越不重视理清概念？乔治·斯坦纳在《语言与沉默：论语言、文学与非人道》中有这样的解释："为了迎合大众文化和大众传播的要求，今日的语言承担起越来越俗气的任务。""除了一知半解、粗疏简化、琐屑不堪，事实上，还有什么能够感染那些被大众民主召唤进市场的半文盲大众呢？只有用越来越简陋破败的语言，大多数那样的交流才有效。""语言的浅薄化已经使新近许多文学变得平庸。"文学尚且如此，日常的表达就更不用说了。但作为语文教师则万万不应该如此。

很多时候，类似抱有"语文为王"的信念不是教师的错，而是外界的影响力太大了，当然还因为偶像崇拜，如果确实有偶像崇拜的心理恐怕不能说自己没错了。《另类事实：知识及其敌人》的作者奥萨·维克福什有这样的提醒："我们并不是抗拒事实，我们只是越来越抗拒知识"。"语文为王"之类之所以会引起你我的共鸣，说白了是因为我们的"信息茧房"，或者说这些观点也是我们的认知。偶像崇拜使我们不假思索，完全失去了批判性思考。因为诱惑的无处不在，更使得专家以及急于成为专家的人变本加厉。迈克尔·布拉斯兰德说："只要有相同的诱惑，无论在哪里，人们的行为都是一样的。而类似的诱惑无处不在。"所以，一味地指责专家也是不公正的，偶像崇拜的背后何尝没有诱惑的力量？

我想说的是，任何时候听讲与阅读都要保持一点怀疑的态度。我在与学生讨论《怀疑与学问》的时候就提醒他们用怀疑的态度看看课文的表述有没有什么值得怀疑的地方，对任何文本和言说都不能因为出于名家之手（口），或者收入了教材，或者刊发在报纸杂志上就轻信它们，要提醒自己，它们要的就是我们的轻信。

作为同行，我想提醒各位语文教师对专家，尤其是受追捧的专家保持高度的警惕，因为他们的特殊身份和影响力在许多情况下只会遏制我们自身的潜力。迷信专家之言的结果往往是迷失自我。一旦迷失了自我，剩下的就是偶像崇拜。奥萨·维克福什在《另类事实：知识及其敌人》中说："信念不管有多强，都不是知识。"我的理解是，相信什么是一回事，知识又是一回事，我们所相信的未必是知识，说得好听一点就是某种执着，譬如"语文为王"之类。但这背后暴露的亦如奥萨·维克福什所言："你可能觉得自己知道某件事，非常强烈地感到自己是对的，但如果你所相信的不是真的，那么你就不具备关于这件事的知识。""知识不是仅仅存在于我们的头脑里（我们所信的），而是和世界实际上的样子也有关系（我们所信的是真的），正因如此，知识才不是个人的。"所谓的真，可以理解为，事实上语文学好的人果然为王了。遗憾的是，事实并非如此。"因此，知识不仅要求信念，还要求真信念。""从真信念到知识，中间缺失的那一环和信念的理据有关。"奥萨·维克福什认为："哲学家公认，知识需要满足（至少）三个条件：信念，即具有特定思想内容（现在正下雨，地球是圆的，办公室里有18个人在喝咖啡）的心理状态。这个信念必须是真的。思想内容必须在某种程度上符合现实：外面的确在下雨，地球确实是圆的，就是有18个人在办公室里喝咖啡。这个信念必须以充分的理据或证据为基础。仅仅靠猜测蒙对了的人并不具备知识。"或者降低一点要求，你坚信"语文为王"时，总得弄几个语文成为王的事实依据来。

语文教师应该有自己对语文的理解

关于语文是什么，尽管众说纷纭，但作为语文教师，终究应该有自己的思考。我想不少语文教师都在用自己的实践思考着。

将语文放在社会文化系统中认识

我一直认为，语文学科区别于其他学科的特点就是它具有更广阔的领域：课堂、教材、相关学科、课外阅读、社会生活、网络媒体、人际关系都是语文学习的天地。

语文教学内容没有必要也不可能囿于一隅。"尤其是语文教学的情境是瞬息万变的，随时随地都有可能发生意想不到的偶发事件，需要我们妥善处理，这当中需要的是'遇物则诲，相机而教'的教学智慧。"（《"遇物则诲　相机而教"——我的语文教学观》）

我认为，这智慧就是在实际的教学中将科学性与艺术性有机地结合起来，在教学活动中抓住最能触动人的心灵、震撼人的情感的特定环境，激发学生的学习兴趣、道德情感、道德认识，产生一种强烈的情绪体验，使学生在心灵深处留下难以磨灭的印记，这样的教学势必是打破模式、脱离教案的。

就语文教学而言，要将语文放在社会文化系统中来认识其学科特质，实际的语文教学不仅要落实语文学科的基本任务，还要解决学生通过学习更好地学会生存、学会做人、学会学习的问题。譬如，语文教师的教学语言需要根据具体的教学内容转换风格、语调和语速，有时候甚至需要考虑音调的延长与表达时的短暂停顿。

当然语文学科教学的艺术也应该体现在"听、说、读、写、思"的同步演进中，许多时候是说不清道不明的，运用之妙全在于心。

英国学者肯·罗宾逊和卢·阿罗尼卡说："正确的教学是一种艺术形式，能激励学生达到比他们想象得更高的成就。与说教的类比也凸显了教师的个性，和其他人一样，有些人很外向，甚至是夸夸其谈；有些人则很安静、内向、深思熟虑。""帮助年轻人建立真正信心的方法，不是去恭维他们所做的一切，而是应该帮助他们发展他们所需要的知识、技能和素质，以应对他们面临的挑战。"（《什么是最好的教育》）我认为这绝不仅限于语文学科。

要理解语文，就要研究语文

2019年夏，我收到夏昆老师"中国语文之美"系列：《在唐诗里孤独漫步》《温和地走进宋词的凉夜》《语文陪伴孩子的一生》三本书，这是他的"中国最美的语文"套装的升级修订版，然而，这套书的名称不再是"中国最美的语文"，而是"中国语文之美"了。我的直觉，夏昆老师居然慢慢变谦虚了，或者说，他在语文教学中慢慢地理解语文了。

我们如果翻翻夏昆老师的这几本书，或许可以看到一位语文教师对语文教学与研究的执着。他在自己的教学实践中探索出了如何带领学生走进"中国语文之美"的独特而又丰富的路径，即"以文学之美充盈生命""以音乐之美滋养心灵""以电影之美教化人情"，并力图通过自己的课堂，让学生明白语文是可以也应该是陪伴我们一生的那个不可或缺的神奇而美丽的东西。

翻阅夏昆老师的这几本书，于我而言，更有一种"虽不能至但神往之"的羞愧。同为语文教师，我至少不具备夏昆老师那样的文学天赋与音乐天赋，且没有能将其美妙地融合为一体的智慧，更很少像他那样沉迷于唐诗宋词，并能想着法子带领学生漫步其中，领略历代文人墨客的喜怒哀乐、人情世故与风雅闲适。从教的角度看，如果自己不能沉醉其中，那么如何能同学生一起走进其中呢？文本解读是阅读教学的基础工作，我认为夏昆老师对孟子"贤者以其昭昭使人昭昭，今以其昏昏使人昭昭"是铭记于心的，至少他在唐诗宋词乃至文言文的教学中是力图"以其昭昭使人昭昭"的,这一点我认为正是各位语文教师可以在夏昆老师的教学实践中得到的启示。换言之,解读文本应该是语文教师必备的功夫。

我至今依然记得当年邀请他到江苏南通通州给二甲中学的语文教师上的那一堂示范课。他当时选了一篇教材外苏轼的散文《日喻》,以反弹琵琶的方式,给师生呈现了一堂令人耳目一新的文言文阅读课。这堂课尽管是原汁原味的"炒素",但作为语文教师必备的文本解读的基本功,不得不让听课的教师折服。我在跟教师讨论这堂课带给我们的启示时谈了这样几点:"器械之妙,在于为人所用,而不是为器械所驱使",多媒体与互联网的出现无疑给教学带来了帮助,但我们在这个过程中往往不知不觉地被工具所绑架,夏昆老师"炒素"的手艺恰恰是教师应该不断操练与提升的功夫;"借班上课未尝不可。关键是上课的人要有很好的课感:对学生的、对文本的、对课堂实景的",在这一点上夏昆老师的功夫了得;"要成为一名好教师,首先要锤炼自己的语言,努力用明白的话,说难明白的道理;用简单的话,说深奥的道理;用幽默的话,说严肃的话题",至少夏昆老师上的《日喻》这一堂课是做到了的。我认为《语文陪伴孩子的一生》这本书中所呈现的教学场景与教学思考同样体现了"器械之妙,在于为人所用"的境界,作为教师在"对学生的、对文本的、对课堂实景的"把控基础上的敏锐的"课感",以及作为教师尤其是语文教师应该具备的语言素养。

语文教学无非关乎听、说、读、写

语文教师如果稍微有点常识的话,就应该明白,语文教学无非就是教会学生听得懂人话,看得懂人话,学会说人话、写人话而已。遗憾的是,我们这些做教师的在许多时候自己却听不懂人话,看不懂人话,不说人话,不写人话。能听懂人话,看懂人话,说人话写人话还真不是一件容易的事情。

沈卫荣、姚霜两位教师在他们编写的《何谓语文学:现代人文学科的方法和实践》的导论部分说:"在汉语世界中,人们对 Philology 的翻译先后出现了语学、言语学、语言学、历史语言学、文献学、古文字学、小学、朴学和语文学等种种不同的翻译，也仍然有人坚持不做翻译，或者坚持沿用日本学界的惯例，将它翻译成文献学。显然这些单个的译名都不足以全面地表达和界定语文学的性质和意义。""因为这一种翻译每个都只触及语文学中的某个侧面，而忽略了其余部分的内容。"虽然我知道"语文学"和"语文"是两个完全不同的概念，但我觉得"语文学"和"语文"之间应该有着千丝万缕的关系。《何谓语文学：现代人文学科的方法和实践》导论中的相关文字，对我们理解语文或者说对我们理解语文教学研究还是有启发的。他们认为：这样的现象就如我们对语文的定义莫衷一是一样。尽管如此我还是比较认同剑男先生给语文下的定义：语文，即语言和文本。我理解的文本即所有以文字呈现的东西，但语文学则不止于文本。剑男老师给语文的定义与两位老师在讨论语文学的六大范畴时所说的"顺应与文学一词的字面意义，即对言语、文本/文献和学问的热爱，我们可以将它引申为泛指世界上所有与语言和文本相关的知识、学问和学术"是相通的。

　　语文在具体的生活中，是活生生的。给语文强加任何修饰语不过是对自己所理解的语文的一种偏执与固化，是毫无意义的。就语文教学而言，虽然在技术与效益上可能有高低之分，但总得围绕听、说、读、写来展开，舍此，何来语言的诗意，何来语言的生命？又何来所谓简约与深邃，明白与混沌？如果语文教师不能引导学生提升听、说、读、写的能力，不能帮助他们在听、说、读、写中提升思维素养，再美丽的修饰语也不过是给自己封个名号而已。尽管我知道这番话会得罪不少朋友，但依然觉得还是必须得罪。

　　马歇尔·麦克卢汉在谈"口语词：邪恶之花"时说："口语词使人的一切感官卷入的程度富有戏剧性，虽然喜弄文墨的人讲话时会趋于连贯成篇、悠然自在。"（《理解媒介：论人的延伸》）这里的戏剧性似乎可以理解为，口语用得好会流畅晓白，妙趣横生，悠然自在，用得不当会大跌眼镜，让人觉得粗鄙庸俗，没修养，没文化。嗯，一旦感官卷入其中，就有意思了，往往不止一个意思。

　　遣词造句不讲究似乎日久，今天不少中小学语文不具备系统的语法知识、修辞知识，尤其不具备消极修辞的意识，更多的还不具备基本的逻辑知识，日久，语文教学很少能给学生规范的语言示范与要求，这样的恶果正慢慢显现出来，我们这些语文教师是不是应该反思……

　　语文教师的表达，一要精准（下定义，厘清概念的内涵与外延），二要简洁（少说，不说不着边际的话），三要对观点的论证严谨。试问，一篇论文连核心概念都没有界定好，能有什么说服力呢？即便是有人看到了我们这些中小学语文教师连"要兼顾约定俗成的语言表达习惯"的基本道理都不明白也不指出来早已成了常态，指望语文教学能教会学生好好说话将无从谈起。

图片、画面与音乐有时候会破坏语言文字带给读者想象的张力

　　年轻时，我十分羡慕那些能在语文课上载歌载舞的教师。譬如，我第一次看到与我年龄相仿的教师在课堂上放声高歌《船工号子》时就十分诧异。有一段时间，我也痴迷在教学设计中想方设法将声光电技术用到极致，为了一个课件，常常会与精通信息技术的教师花上整个月的时间，乐此不疲。但随着年龄的增长，随着对有关教育、教学理论阅读的增加，我慢慢对这些东西有了一些思考。

　　音乐也好，电影也罢，或者其他非语文形式的东西拿到语文课上，想让它们姓"语"还真不是那么简单的一件事。从语文的视角看，电影文学是指电影剧本，文本一旦配上音乐，其意境与主旨就固化了。当我同一个编辑朋友说到这一点时，她说，是的，就像参加一些悼念活动，不由自主地流泪，已经说不清是对逝者的深情，还是被悲情的音乐拧了开关……这大概就是音乐的魔力所在，但音乐与文本的整合肯定不是简单的叠加。

　　如果音乐与电影没有转换为文字，就是热闹一下而已。脑神经科学研究用图表说话，就有要辅以言语解说的建议。所以，我不赞成将声光电等技术手段融入语文教学，至少是不赞成没有将之转化为语言与文本就融入课堂。也许有人会说，不是有"音乐语言""电影语言"吗？是有，但它们不能等同于语文范畴的"语言"。我个人认为，语文阅读教学能不用幻灯片、能不配

乐，坚决不用、坚决不配，除了资料补充的需要，一定要用图片，三五张足矣。图片、画面与音乐，往往会将文本的意境与主旨固化在特定的那个点上，这无疑会破坏语言文字带给读者想象的张力，或者说，那些言外之意。当然，我对语文的理解也不一定准确，甚至同样会遭遇批评，但这切切实实是我的理解，有具体阐释的理解。

语文教师文本解读的立场和精神

沈卫荣、姚霜两位老师的《何谓语文学：现代人文学科的方法和实践》在谈论对待语文学的学术态度的时候，说："语文学和对语文学的坚守可以是一种难能可贵的学术态度、学术立场和学术精神。这种学术态度可以是仅仅反映语文学本来意义，即对语言、文本和学问的热爱，也可以表现为对语文学学术方法的坚守，即对实事求是的、实证的、科学的、理性的学术研究方法的坚持和追求，对最基本的人文科学研究的学术规范和学术伦理的积极维护，等等。"我们对语文和语文教学的研究不也应该如此吗？

沈卫荣、姚霜两位老师对文本的态度的表述，对我们这些语文教师而言也有相当大的启发意义。他们认为对文本的研究可以借用傅斯年先生倡导的"上穷碧落下黄泉，动手动脚找东西"和"以汉还汉，以唐还唐"，"对全面、彻底和准确地理解文本和历史的坚持不懈的追求"。我以为，这就是要回到文本本身，不能过度解读。"也可以是尼采先生所主张的将语文学当作一种慢慢读书的艺术，这一种用于读书的金匠般的手艺。"要回到文本，就要咬文嚼字，就要知人论世。语文教师的文本解读，语文教师的阅读教学不也应该如此吗？现在，我们在引导学生对文本的解读的时候，有多少时候不是囫囵吞枣，不求甚解的？拿高中《语文》新教材中《乡土中国》《红楼梦》的整本书阅读教学来说，有多少不是这样呢？对一些单篇文本的解读又有多少时候，不是如同沈卫荣、姚霜两位老师所批评的那样信口开河地、炫人耳目地诠释文本的？比如某语文名师对朱自清先生《背影》的解读。

阅读教学固然必须解读文本，但解读与教学终究是两回事，解读得再到位，也未必可以推论教学就一定能到位。教学有教学的目标和任务，目标与任务的落实与文本解读有联系。这联系无非就是从中找到达成课程标准与教材要求的任务的教或者学的内容而已，当然也不排除在解读的基础上调整教与学的目标和任务，但无论教师的解读细致到什么程度，都不应该也不可能全拿到课堂上去教，或者都要求学生去学。以文学阅读为例，为文学批评的阅读要求和为中小学阅读教学的阅读要求或者出发点是不是一回事呢？或者再讨论一下，中小学文学鉴赏与文学批评家的文学鉴赏是不是一回事呢？从教学的准备环节看，文本解读不过是其中的一个环节而已，不可以过度夸大文本解读的功夫。

语文作为语文教师的一种生活方式

沈卫荣、姚霜两位老师的《何谓语文学：现代人文学科的方法和实践》中认为语文学是可以值得当代人信仰和践行的一种世界观和生活方式。他们提倡"语文学式的生活方式"，倡导一种理解、宽容、和谐的世界观和生活态度。他们认为语文学和诠释学一样是一门理解的学问，其精髓就在于寻求正确和全面地理解语言、信息和文本所蕴含的真实和丰富的意义，进而寻求对人和世界的理解。各位语文教师阅读这一段文字，是否觉得语文学科也同样存在着这样的特质呢？

我觉得沈卫荣、姚霜两位老师关于阅读的见解对我们也是有启发的。他们说："对于每一个个人而言，只有当你能够与众不同地读书、阅人、知世时，你才会成为一个与众不同的人。读什么书不见得就能让你成为什么样的人，但你怎样读书将决定你会成为怎样的一个人。只有当你能够学会多方面地、从不同角度出发去读书，学会从其原本的语言和文化语境中设身处地地去体会和理解他者发出的信息时，你才能够成为一位既与众不同、出类拔萃，又能够和这个世界同进共退、和谐共处的开明和博雅的君子。"这段文字让我想起经常看到的一些名师的语文教学的观点及其做派。凯斯·R. 桑斯坦的《信息乌托邦》中有一个"信息茧房"的概念，意思是人们关注的信息领域会习惯性地被自己的兴趣所引导，从而将自己的生活桎梏于像蚕茧一般的房子中的现象。我们每个人都被困在这个"茧房"中，且乐此不疲。"语文为王"说就是如此，人一旦沉迷，其表述就有可能出现"言论极化"（指的是人们的观点向着二元对立、两极化发展的趋势）。

关于著书立说，沈卫荣、姚霜两位老师认为应该秉持"追求阐述的平实、准确和学术写作的规范"的基本态度。"学术研究既不是自娱自乐，不能避苦趋乐，披着学术的外衣而奉行快乐原则；也不是为了讨别人的喜欢，以沽名钓誉，获得社会的承认和报答。"回视语文圈子中林林总总的言论，有多少不属于哗众取宠之列？更有不少是为打赏，为博名的。何来学术？虽然要求语文教师的教学研究成为学术研究的要求貌似有点高，但这段文字对语文教师的言说与作文指导有启发意义，至少说话、写文章不能信口开河，不能哗众取宠，不能以吸引目光和获取利益为目的。

关键还是要看具体的教学行为

2019年底，我在一所很有名气的小学看一位教师执教《两小儿辩日》的公开课。课堂上有这样一个环节，要求学生将在《两小儿辩日》中学到的"辩斗"的知识转化为"辩论"的实践，应该说这个转化很重要，也很有创意。现在是自媒体时代，在网络上，我们往往没有辩论意识，只有辩斗意识，非得要争出个对和错。这一转化就构成了一个完整的课程结构。这样的教学设计无疑是值得嘉许的，遗憾的是，我当堂数了一下，40个孩子有22个孩子课前准备了讲稿，而不是准备了素材。如此安排这个环节，意义何在？我们是不是应该从教学伦理的视角来思考一下这样的安排与该学校倡导的"立人"的教学主张是否一致？

保罗·基尔希纳在《基于证据启发的学习设计：让教师教学站在理解教育规律的基础上——访国际知名教育心理学和学习科学专家保罗·基尔西纳教授》一文中说："对接受教师教育的师范生而言，我认为最重要的是培养他们的批判性思维和研究意识。当师范生接触某种教学主张时，他们应该学会去了解该教学主张的来龙去脉，并在此基础上对其正确性进行理性判断和评估。在进行学习设计时，教师可以遵循'审视—追踪—分析—综合评价'这一流程，从而帮助他们判断教学主张是否合理、科学。作为未来的教师，他们首先要学会判断有关教学主张的语言表述是否清晰、客观、理性和深刻，进而运用假设法对其科学性进行推敲。其次，他们需要追踪教学主张的理论依据，即找出支持其说法的证据，比如追踪相关文献。在多数情况下，人们会对权威专家发表的观点深信不疑。有时候，这些观点可能听起来合乎逻辑，但不一定是正确的、合适的。因此，对这些观点进行追踪是有必要的。随后，他们需要对教学主张进行分析。在分析教学主张时，可以辅以学习科学专家的研究结论，但这仍要求他们具有批判意识。最后，他们需要对教学主张进行综合评价。如果各个步骤中得到的结果都很不错，那就可以确定教学主张的合理性和科学性，就可以将其用来指导学习设计。"

  审视的基础是专业知识。没有系统而扎实的教育学、心理学等与教育有关的基础知识以及丰富的教学经验，用什么来审视？所谓追踪就是要刨根问底，就是要弄清楚这样做以及不能这样做的依据是什么。也就是说，任何教学行为的背后，其实是有各自有意无意的教学主张。"在多数情况下，人们会对权威专家发表的观点深信不疑。有时候，这些观点可能听起来合乎逻辑，但不一定是正确的、合适的。"这就需要我们调动自己的专业知识进行全面的考量与分析，形成自己的专业判断，并在实践中努力验证自己的判断，如此才有可能对专家的观点做出综合性的评价，并在评价的基础上选择性地采纳。

  现在的名师群体中有一个很不好的现象，有些名师从未或很少带毕业班，有些名师常常被学生和家长轰下讲台，还有个别名师一辈子就只靠一堂课走遍全国，所以，我对他们敬而远之。2018年，我从学校退休，即便今天如果有人请我谈语文教学的问题，我总会主动要求自己先上一堂课再说。尽管我也知道自己的课不一定是他们认同的课，但至少我有试图用自己的课印证自己的观点的意识，但还是要面对质疑、正视质疑。因为别人能做到的，我未必能做到，反之亦然。个中原因是多方面的，还是要淡定一些。

还是要读点书

我建议各位语文教师还是要读点书,不读几本专业的书难免被一些专家给带偏了。譬如,不少语文专家一直以来就以"得语文者得天下"蛊惑人心,这些年又有"得阅读者得语文"的谬论广为流传,其原因之一就是忽悠者与拥戴者的课程与教学的理论缺失。了解一点课程与教学的基本知识就可以明白,语文不过是基础教育课程架构中的一个学科而已,在语文学科体系中,"听、说、读、写、思"并重。

如果我们懂一点课程与教学的知识,就会明白教育的目的是发展人,发展人的智慧与能力,也会明白课程事实上需要注意些什么。我认为夏洛特·梅森所说的"教育应该有助于人类的发展。它不仅应该把人格放在第一位,还应该把充分重视人的智力、道德和体质作为最高目标。我们真正追求的是一种能被接受的教育,它将能成为人的必备部分"简明扼要地指出了课程的目标以及实施的基本路径。当我与人们分享课程与教学的一些话题时,我总会强调每门学科的教师都有责任花气力指导学生阅读教材、理解教材,我很不赞成"语文为王"的论断,也反对其他学科的教师在谈及本学科学生的理解能力时指责语文教师没教好、学生没学好的态度。每门学科有每门学科的语言,除非认识不认识某些字似乎与语文教学有关,涉及对具体学科语言的表达与理解,难道还要给各位配个语文教师做助手吗?

朱迪思·朗格在《想象知识:在各学科内培养语言能力》中有这样一段文字甚合我意:"我们需要审视并理解自己与他人的观点,去质疑并思索掩盖在表象下的深层意义。每门学科的教师都是该领域的专家,应该引导、示范,为学生提供机会去尝试和进入适用于该学科的思维路径。教师能够为学生创造机会，去使用学科适用的语言与思维方法，以帮助他们完善国际理解、获取知识。教师能够培养学生成为不同学科领域内具备读写思维的思考者。"

　　名师作为本学科领域的专家，就有义务通过你的示范和引导帮助你的学生进入其所学学科的知识领域，理解本学科的学科语言与思维方式，在本学科知识体系下建构与之相匹配的语言和思维方式，而不是将责任推给别人，当然更不应该狂妄到将自己任教的学科抬高到无以复加的境地。作为中学语文教师，不可能不被中考、高考甚至平常的考试绑架，考试，要的就是一个答案，所以日常的教育启发学生从不同的视角去思考是有风险的，但只引导他们奔着一个答案去，则是不负责任的，如何在两者之中找到平衡点，不仅需要智慧，还需要坚守。我常同年轻而有抱负的教师讲，教师的良知不仅体现在坚守教育常识上，还体现在教育伦理上，尤其体现在履约上。我说的履约，狭义地理解，就是学生的成绩。理想再美好，理念再先进，你教的学生成绩不理想，何以证明你的理想和理念的美好与先进？如何在理想与现实中平衡？平衡不了，早晚会摔跤。这个平衡点我觉得，从应试的角度看，一定要让学生明白，答案就在文本中，考试的问题大多是封闭式的，正确的答案只有一个；日常对待文本，学生则要有开放的心态，要发挥想象力，要多提一些开放性的问题，甚至是大而无当的问题、没有答案的问题。所谓智慧，就是在你放开之后还要回到现实。

　　所谓理想是丰满的，现实是骨感的，我认为说的就是这样的道理，你的理想再美好，理念再先进，你教的学生的学科成绩与你的理想与理念相去甚远，那这理想与理念不过是"一堆白骨"而已。这也是我一直同年轻的语文教师说"你的教学成绩可以不是最好，但总不能太差"的原因。中小学语文教师的所谓研究就更应该为改善教学服务，写得文字再多，解决不了自己的教学问题，这研究本身就有问题，任何一位在职教师或一位教学管理者一年出一本书，一年发几十篇文章，其教学与管理业绩可想而知。

中编
好的教学需要好的设计

2019年夏,我在一个评价研讨会上观摩了一堂初中语文课《智取生辰纲》。开课前,主持人同我说,结束了你也点评一下,我说,我就不点评了,我就是想看看教师是如何用你们开发的平台评课的。现场我发现一位教师在电脑上不断地就执教老师的教学行为提问题,提的问题很有意思。为什么要将插图投影出来让学生观看,这个环节与教学目的是什么关系?既然要学生梳理情节,为什么教师提供给学生填写的思维导图几乎已经写满了?既然让学生关注"买酒"与"不买",为什么不让学生思考、讨论情节是怎样围绕这个矛盾展开的?而是让学生将某个段落读三遍,为什么要读三遍?读三遍与情节波澜是什么关系?课堂上花了那么多时间让学生自己读、自己整理,为什么学生会那么拘谨?讨论杨志的人物形象,为什么不让学生用课文中的相关文字,而拼命用节选以外的文字?这是要激发学生阅读《水浒传》的兴趣吗? ……我与这位提问的教师私下交流了一下,他居然是一位化学教师。各位朋友,你们从这位教师的这些问题中想到了什么呢?我想到的是,教学需要设计,但设计不需要花头,需要的是科学与艺术,需要的是设计思维。

课程标准、助学系统与教学设计

2020年下半年，有个区域的教师培训，我用新教材的一个单元借班上了四堂课，然后花了两个多小时同他们谈了使用新教材教学的一些基本问题。我的教学思路没有什么花头，无非就是和学生抠字眼，从教材的助学系统中找教材的要求，阅读课文，提些问题，再让他们阅读课文，交流想法，自己思考问题，找些感兴趣的文字谈一谈认识，在他们需要的时候给他们介绍一点知识和方法。上午三节课下来，学生慢慢进入状态了，我本想下午的课不上了，因为他们已经大致知道自己如何根据助学系统的要求读书与思考一些问题了，而且学生上午已经连续上了三堂语文课了，会感觉累。没想到学生还是希望我下午继续上下去。

高中语文教师在新教材教学中的困惑，主要有三点：课时不够；学习活动到底是教师设计还是学生设计；普通高中语文教学是不是只为高考。我的回应是，教材无非是个例子，只要我们能从课程标准与教材的要求出发，着眼于学生的实际，教材多教几篇少教几篇，教到什么程度其实不会出问题，至于任务，其实也不是每一个人都必须完成，看看助学系统中的文字表述就能明白。教学，关乎教与学两个方面，活动的设计能让学生参与其中当然是再好不过，学生设计不了，教师设计也是必须的，但总不能一包到底，观念与行为的转变有个过程，慢慢来。至于是不是只为高考，我想，答案是明了的，不可能不为高考，有一点要明白，学生选择普通高中就是为考大学而来，但考试之外还有更重要的东西。我们有义务帮助学生提升学业成绩，如何帮助则是一件费神劳力的事。

我认为，课堂教学需要回归，回到激发学生的参与热情上来，面对新教材的教学，必须保持积极开放的心态，而不是纠结于具体的问题，因为无论你纠结与否这个教材你必须教，学生必须学。不纠结于问题并不意味着忽视所面临的问题。然而，如果我们一味纠结于问题，那么有可能陷入消极的深渊。目前我们就是要做起来，不要想太复杂，学习任务群教学，换个说法，就是大单元教学。至于是先一篇篇课文过一下，还是直接几篇课文一起解决，不能一概而论，怎么顺畅怎么做，慢慢地那些困难就有可能被攻克，慢慢地我们就能找到一些基本策略。教学本就是个性化的，没有什么金科玉律，新教材对你是新的，对别人也是新的，大家都在探索，实在没必要纠结。

瑞贝卡·米勒沃基和约瑟夫·法德里在《教师如何持续学习与精进》中说："小心不要因为一些虚设外在的东西而忽略解决问题的实质，从而落入同样的陷阱。与你的团队一起集思广益讨论多种解决方案，按照难度和解决问题的能力对他们进行排序，然后认真讨论哪种解决方案最能满足你们的需求。记住个人的解决方案并不代表团队的见解，时刻牢记团队的最终目标。"

教材还是这个教材，怎么用，在于教师的智慧，我说的更多的是内容与方法选择的智慧。

语文教学设计与其他学科的教学设计一样，必须确立从课程标准出发理解教学的观念。《普通高中语文课程标准》（2017年版2020年修订）明确提出："语文课程是一门学习祖国语言文字运用的综合性、实践性课程。工具性与人文性的统一，是语文课程的基本特点。语文课程应引导学生在真实的语言运用情境中，通过自主的语言实践活动，积累言语经验，把握祖国语言文字的特点和运用规律，加深对祖国语言文字的理解与热爱，培养运用祖国语言文字的能力；同时，发展思辨能力，提升思维品质，培育社会主义核心价值观，培养高尚的审美情趣，积累丰厚的文化底蕴，理解文化多样性。"课程标准还提出了语文学科核心素养培育的明确要求："学科核心素养是学科育人价值的集中体现，是学生通过学科学习而逐步形成的正确价值观念、必备品格和关键能力。语文学科核心素养是学生在积极的语言实践活动中积累与构建起来，并在真实的语言运用情境中表现出来的语言能力及其品质；是学生在语文学习中获得的语言知识与语言能力，思维方法与思维品质，情感、态度与价值观的综合体现。主要包括'语言建构与运用''思维发展与提升''审美鉴赏与创造''文化传承与理解'四个方面。"

课程标准对语文教学内容，提出了28本名著阅读与18个学习任务群。课时就这么多，如果不好好筹划势必是囫囵吞枣。作为语文教师，28本名著总要翻阅一下，现实的问题是，有多少人翻阅过？哲学家莫里斯·梅洛-庞蒂说："世界不是我所思的东西，而是我所体验的。"虽然短期内我们不可能本本翻阅，但没有具体的阅读体验，如何去引导学生体验呢？这个问题不好好谋划，至少是不负责任的。

做教师，只知道不能"以其昏昏使人昭昭"的道理是远不够的，必须以实际的行动去防止以"昏昏"而"昭昭"。

高中《语文》新教材是根据新的课程标准的要求编写的。必修教材"每册8个单元，覆盖7个学习任务群；选择性必修教材每册4个单元，覆盖6个学习任务群。另外，教材设计了4个独立的'古诗词诵读'版块。""28个单元中，22个单元以课文为核心构建，基本栏目包括单元导语、选文、学习提示、单元学习任务，其中选择性必修教材称为'单元研习任务'。单元导语提纲挈领地说明了单元人文主题、选文情况、核心学习任务及学习目标。学习提示设置于课文后，重在激发阅读兴趣，提示学习重难点，提供阅读方法和策略。单元学习（研习）任务实行结构化设计，引导学生开展各种体验性和探究性实践活动，综合提升语文素养。教材将写作任务融入单元学习任务中，读写结合，发挥课文的范文作用，读什么写什么，解决读写分离的问题。""教材还有2个整本书阅读单元和4个活动类单元。这些单元以一体化设计的学习任务为核心，带动整本书的阅读或实践活动的开展。""新课标"之"新"在于提出了"基于'语文核心素养'的大单元设计""真实情境中的探究学习与项目学习""以学习为中心的语文课程教学实践"。

所以，我认为新教材的教学设计原则是：紧扣课程标准，指向学生语文核心素养的提升，服务于学生的"学"，设计中要用好单元导语、学习提示等助学系统，认真落实单元学习任务。基本策略是"基于'语文核心素养'的大单元设计""真实情境中的探究学习与项目学习""以学习为中心的语文课程教学实践"。

从教学目标的确定开始设计

几十年来，语文总是最热闹的一门学科，也是最受诟病的一门学科。尤其在最近这十多年，各色语文教学流派纷纷登场，各种批评也纷至沓来。更为热闹的是，不少人纷纷弄出一个"什么什么语文"以示他的语文是真的，其他人的语文是假的，或者他才是正统，其他都是旁门左道。其实，任何一门学科课堂教学的变革都离不开这样一个核心问题：是教教材，还是用教材教，还是教方法。要解决这个问题，要思考的无非是教学目标与教学流程的设计，然后才是教学方法与教学策略等。首先要搞清楚一堂课或者几堂课要干什么（任务）、为什么要这么干（目的），然后才是怎么干（策略、活动）。

教学目标如何确定

新课程改革下的课堂变革，有很多就是在一种新的程式下起步的，其流程不外乎"导入新课—揭示目标—整体感知—合作交流—问题探究—拓展延伸"。但为什么要这样安排和呈现这些具体环节，往往又是"不着边际"的。比如，我们呈现出来的教学目标或学习目标，往往显得缺乏深入思考：是教师教的目标？学生学的目标？课程标准要求的目标？考试说明中的考试目标？……一般而言，教学目标的设定通常来自教师指导用书，而这个目标显然不是实际施教的教师提出来的。这样一来，教与学双方在课堂上就成了一个个"木偶"，教师则成了一个"传声筒"。教师指导用书的目标就这样变成了教师的目标、学生的目标。要让教学目标成为学生学的目标，我们至少得问问学生需要什么，或者至少要了解一下学生学习具体的知识会遇到怎样的困难和障碍。也就是说，有效教学的目标必须从学生那儿来，而不只是从课程标准、教师指导用书那儿来。有效教学强调教学针对性，除了教学内容外，还要针对学生的学，而不是教师的教，更不是考试大纲的指向、教师指导用书的建议。

教材无非是个例子，是用来教学生的。一堂课下来，尽管一些教师没有通过多媒体呈现具体的教学目标，但我们还是会发现他们的这堂课是有教学目标的；也有一些教师虽然呈现了具体的教学目标，但在实际的教学中却偏离了。这样的悖论提醒我们，教学目标不是只写在纸上、呈现在多媒体上，而是应该牢记在教师心中，并且需要根据具体的教学场景调整完善。比如，《济南的冬天》是一篇比较长的课文，包含了很多的生字和词语，教师如果用一堂课来教授，那么这些生字和词语究竟是在课堂上解决，还是在课前解决，抑或是在课后解决？《石壕吏》这篇文言文中有不少跟现代文相去甚远的词义、句式，相比《济南的冬天》里的词语，哪个在理解上会显得更加困难？这些细小的问题，都需要教师用心思量。而在实际教学中，教师普遍会忽视对学生使用工具书的要求，更会忽视指导学生如何运用网络进行文献检索。没有网络的时候，教师会要求学生每个人带本词典或文言文常用词词典；有了网络，教师却不让学生使用网络检索，这确实是一个非常奇怪的现象。当然，教师对网络的使用也只停留在找教案、找演示文稿及找教学视频等。至于这些教案、演示文稿、教学视频是否适合自己和学生，很多教师又会懒得思考。

作为教师，一定要在怎么教学上花心思。课程标准与教材的要求是什么？教学的难点在哪里？学生学习这些内容需要哪些储备？学习过程中会有哪些问题？思考会有什么误区？我们的教学从哪里入手？通过什么途径去引导学生自己学？……建构主义理论告诉我们，学生在学习前就已经拥有了一定的在长期的日常生活经验上形成的对事物和现象的看法和观念，即所谓的"前概念"。这些观念有些与科学的理解基本一致，有些则与科学概念相违背，而后者被称为错误概念、相异概念或相异构想。学习不是学生简单地"输入、储存"课本和教师提供的信息，而是主动地将原有经验和新信息进行对比、分析、批判、选择和重建知识结构的过程。

学生建构知识的基本方式是同化和顺应。当新的知识与其原有的知识结构和思维方式相符时，就会被同化、吸收并储存，否则就会被排斥或经修正或重组后再被吸收。由于学生的生活环境、活动范围等不同，所以他们对同一类事物的认识、感受也会不同，即使在相同的学习情境中接受同样的新信息，不同的学生也会获得不同的理解或解释，即取得不同的学习结果。每个学生在头脑中产生的相异构想也是各式各样的。我们的责任无非是如何让学生在教师的引导下学会独立阅读与思考，而不只是看学生有没有掌握教材内容或者相关的语文知识等。

简言之，教学目标要从课程标准与教材规定的"应知应会"和学生实际的"已知已会"的反复权衡中得来。

教学流程的预设

时下流行的各种各样的教学模式，很容易将每堂课的教学流程固化，第一步干什么、第二步干什么……明明白白地印在"讲学稿"或者"导学案"上，教师清楚，学生清楚，听课的同行也清楚，毫无新意，当然也没有惊喜。但如果从教学的价值去思考，这样的流程是不是符合教学规律，是不是有违教学常识呢？约翰·杜威说"教育即生活"，生活尽管许多时候平淡，但是生活在许多时候是变化和充满乐趣的。现实的课堂作为师生实实在在的生活场景，如果总是这样毫无新意、没有变化，那给学生带来的只会是单调与枯燥，这样的生活谁会喜欢呢？

立足于生活的课堂，就要让学生学得有趣、学得轻松、学得快乐。当然，这里还有一个尊重认知规律的问题。教学流程的设计既要符合认知规律，又要从实际需要出发，在具体的实施过程中还应有所调整。一堂课总应该有点节奏感，即轻重缓急、抑扬顿挫，还要有适当的休止与延长。实际上，不少教师在教学中往往无视休止与延长，一个问题抛出来以后，几乎不给或很少给学生思考的时间，就请学生出来回答或者板演。试想一下，当别人给我们抛出一个问题的时候，我们不假思索就能回答吗？

　　从技术层面上讲，我对课堂教学设计有一个"火车皮说"：教学设计就像一列火车，是由一节一节的车厢组合起来，加一节是完整的，拿掉一节也是完整的，一般情况下只有施教者知道，学生和听课的同行都不知道。当然，这是需要一定的经验与功底的，更是需要经过长时间的实践积累。教学活动的设计和组织最能体现教师的教学智慧，教学经验丰富的教师总是善于捕捉一闪而过的容易被忽视的但确实能有效生成的细节，这时候教师要舍得抛弃原有的教案，改变既有的思路，及时组织学生展开讨论。

　　时下，我们需要反思的是如何看待"建模"的问题。教学模式理论，是一种传统的教学理论，教学模式是指一种范式或一种计划，既然是一种范式或一种计划，它就不应该是刻板的、固化的，而是要根据课堂教学场景的需要。所以我反对模式化，对"建模"的说法始终保持警惕。"建模"的目的是出"模"。这就好比学书法，先要从描红开始。作为没经验的年轻教师，要掌握基本的教学原则、教学方法和教学技术等，是需要他人给予一个基本的框架，至于这框架里面装什么、怎么装，则是个人的事。然后就是入帖，入帖就是要让他们离开描红的本子，写得像颜真卿、像柳公权。请注意，这里是"像"而不是"是"、不是"成"。因为颜真卿只有一个，柳公权也只有一个。我们需要研究的是如何让每个个体扬长避短，写出有个性的"书法作品"来，努力形成自己的风格，乃至成为某一个领域的大家。

设计思维下的教学设计

所谓设计思维,简单点说,就是由设计到计划(教案)。设计是创造性行为(前置性作业);计划是有系统的做事方法(达成教学目标的基础)。好的设计总有一些共同的特质,这特质,我认为首先指向学习,也可以理解为以学习为中心的真实情境中的体验与探究。新教材的学习任务群教学要求教师必须具备大单元设计的意识与能力。而要确立这样的意识,形成相关的技能,我们至少要懂一点教学设计的理论,尤其是大单元设计的理论。格兰特·威金斯和杰伊·麦克泰格在《追求理解的教学设计》中提出的教学设计的WHERETO要素,对于整体教学计划的方向具有明确的指导性,确定学习方向,保持学生的专注力与兴趣,提供多种方式和工具,提供大量的思考,量体裁衣,因材施教,展现学生的个人爱好和风格,最后合理地组织,有这样的一些要素贯穿整个教学设计,使得对整个课程该做什么样的调整,有了非常积极的引导。

教学设计中的 WHERETO 要素如下:W—确保学生了解所学单元的目标以及原因。H—从一开始就吸引学生保持注意力。E—为学生提供必要的经验、工具、知识以及技能来实现目标。R—为学生提供大量的机会来重新思考大概念,反思进展,并修改自己的设计。E—为学生评估进展和自我评估提供机会。T—量体裁衣,反映个人天赋、兴趣、风格和需求。O—合理组织,使学生获得深刻理解。而要确保设计的可行,格兰特·威金斯和杰伊·麦克泰格在《追求理解的教学设计》中提醒我们要"像评估员一样思考",如何评估,见下页图:

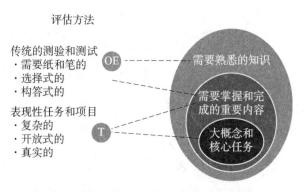

(说明：根据《追求理解的教学设计》复制)

我的经验是，如果要确保一个设计在教学时行得通，事前得考虑多种方案，并在多种方案中寻找平衡和选优。现如今，课程标准与教材的教学设计更多需要的是发挥群体的力量，更多需要学科组同行从不同的视角提供设想与思路。下图是我参照《设计型思考》一书提出来的应对新教材的集体备课选择与确定计划（方案）的建议：

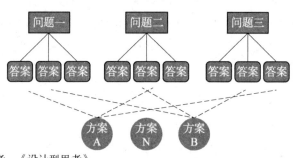

参考：《设计型思考》

其中，各位教师要做的就是：找茬，方案与经验是否有问题；深思，问题在哪里（原因）？创造，如何解决这个问题（办法）？评估，这办法行得通吗？如果说群文阅读、整本书阅读要有一个基本的"套路"或者框架的话，我以为大致的"套路"可以是这样：（1）检索关于这本书（这些文本）的信息；（2）在通读的基础上对收集的信息进行筛选；（3）给自己确定一个阅读的任务深入地阅读；（4）分享自己的阅读感受与疑惑；（5）寻求专家（教师或相关领域的专业人士）的指导和帮助；（6）形成自己的阅读产品：笔记、心得、剧本……（7）展示、分享、推销、修改完善（本人或本组）学习的收获与成果；（8）提出学习中遇到的困惑，寻求进一步的帮助。但是，在实际的指导中，是要根据具体的情况相机而为的。如何相机而为或者说操作，我也做了一张图：

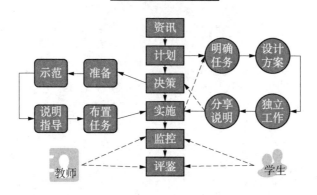

当下亟需解决的问题是，确立"以学习为中心"的教学理念，此处的"学习"既是学生的，也是教师的。接下来要考虑的是教和学的规范（怎么教，怎么学，如何跟今天的新高考和新课程改革相匹配，相同步）、教学环境建设（教学环境如何为学生的学与教师的教提供方便）、教学策略的优化（课堂教学中如何将学生的注意力吸引过来，如何在教学过程中帮助学生提升学科素养）、教学活动的设计（如何转化教材，如何整合教学资源，如何组织学生的学习、探究与分享，等等）、教学的反馈与评价（立足于学生的个性差异与需求的反馈和评价）等具体的、操作性的问题。从教师的角度出发，就是给学生提供范本、搭建脚手架，就是反馈评估与指导，但不是包办；从学生的角度出发，就是在具体的目标下明确任务、独立设计学习（阅读）方案、根据方案进行阅读实践、在实践中反思完善、通过分享相互学习借鉴。

总结一下，教学设计必须指向学生的"学"，学情的研判其实远比对课程标准与教材的分析困难得多，但这恰恰是决定教学效果的关键。"你"的学生需要什么，只有"你最清楚"。

理性看待日趋火热的大单元教学设计

有不少语文教师问我如何看待现在日趋火热的大单元教学设计，是不是每一个单元（章节）都要采用单元教学设计或者单元教学法？我的回应是，他之所以会提出这样的问题，是因为他已经发现了问题，也一定有他基本的答案。

我的基本看法是，只要具备一点教学论知识和教学设计理论知识的都明白，优秀的教师一定不会固守一种教学设计理论与教学方法，即便自信如《如何设计教学细节：好课堂是设计出来的》的作者詹姆斯·M.朗这样的专家，也认为理解和实践他提出来的"轻教学"设计理念是要"根据实际情况做少许的改动和创新，这些活动就可以被运用到任何教学环境中，从大型课堂教学到小型研讨会，从面对面教学到网络教学或者任何形式的混合教学。这些活动以人类学习机制的基本原理为基础，所以适用于任何学科的任何教学内容，不论是教学生进行知识点或公式的记忆，还是提高他们的学习技能，或是教他们解决复杂的问题"。

大单元教学设计也好，大单元教学也罢，既是方法更是理念。理念到实践的过程是漫长的，是要根据具体的情境应对的，是要不断进行分析与评估的。就语文教学而言，单元教学设计与单元教学不失为一种选择，但要达成专家预设的目标恐怕还是要以扎扎实实的单篇教学为基础。一位优秀的教师只有认识到不同的理念与方法之间的关联与细微的差异，才能在具体的教学实践中应对自如，更好地找到那个适合具体场景的教学策略与教学方法。大单元教学作为新课程标准倡导的教学理念和教学方法，和其他教学理念与教学方法一样需要"运用到教学内容设计实践中，先设计方案，然后再开展教学活动",然而这绝对不是唯一的选择。即便是这个选择,也是需要师生投入大量的时间来慢慢适应,而不是听几次报告,看几篇文章,翻几本书就能解决。没有扎扎实实的以单篇教学为基础的大单元教学,有可能导致更多的一知半解与囫囵吞枣。

  我的观点是,大单元教学换个说法就是新课程标准、新教材的群文阅读,或者可以理解为由单篇教学转向在课程框架中的几篇一起教一起学或者单篇如何教。其实,困难不在是一篇一篇地教与学,还是几篇一起教一起学,而在如何调动学生的参与热情,如何帮助学生更好地学,不是单方面的教师讲,学生听和记。至于如何操作,我认为没有定论,也没有通识。我认为还是要研究课程标准与教材,尤其是教材中的助学系统。以人教版新教材高中《语文》必修上册第七单元为例,教材的助学系统指出:"本单元的文章在写景状物的同时,反映了作者的审美倾向和人生思考,折射出民族的审美传统。""本单元选取的五篇散文,都是写景抒情的名篇,有对故都'秋味'的吟唱,对荷塘月色的描写;有北京地坛牵出的人生故事;有夜游赤壁的吊古伤今,登临东岳的畅想。在对大地山川、风物美景的描写中徜徉,既可以受到美的熏陶,又能够领会深厚的人文内涵。学习本单元的写景抒情散文,体会民族审美心理,提升文学欣赏品位,培养对自然的热爱之情。要关注作品中的自然景物描写和人生思考,体会作者观察、欣赏和表现自然景物的角度,分析情景交融、情理结合的手法;还要反复涵泳咀嚼,感受作品的文辞之美。""同是写景抒情,本单元的几篇文章运用的艺术手法各具特色。借鉴这些文章的写法,写一篇不少于800字的散文。写完之后与同学交换阅读,互相品评,提出修改建议。修改后,把全班的习作编辑成册,拟定书名,撰写序言,作为高中生活的一份纪念。"

  根据课程标准要求和助学系统的提示,我以为《故都的秋》《荷塘月色》《我与地坛》(节选)这三篇作为一组文字的群文阅读设计思路可以是这样的:

  (1)都是与北京有关的散文,作者流露出来的情感为什么会不一样?(2)我们在这三篇散文中能寻找到哪些共同之处?(3)如果郁达夫也写一篇《荷塘月色》,你觉得他会怎样写?(4)从你个人的角度看,你更喜欢哪一篇文章，为什么？（5）如果让你来设计这三篇文章的阅读方案，你会从哪些方面来考虑？（6）这几篇散文中，你最有感触的是哪一篇？在春、夏、秋、冬四季中，选一个自己感兴趣的季节，借鉴其写作方法写一篇散文，不少于800字。如果从大单元设计的角度考虑，就要将《赤壁赋》和《登泰山记》也整合起来。

教材上的助学系统说："《赤壁赋》和《登泰山记》都是古代写景抒情的名篇，在读通、读懂的基础上，体会两篇文章中景与情的关系。《赤壁赋》通过铺陈、排比形成整饬之美，要反复诵读，逐步领会。文章写景充满诗情画意，并采用'主客问答'的说理方式，逐层阐述作者的观点，思想认识逐步深化。阅读时要注意梳理文中情感起伏变化的脉络，抓住文章写景、抒情、说理完美融合的特点，体会作者复杂矛盾的内心世界和旷达乐观的人生态度。《登泰山记》全文不到五百字，却充分展示了雪后登山的别样情趣。文章善于取舍，将小细节与大印象结合，描写、叙事简洁明快，阅读时要注意体会这些特点。我国古代还有不少写景、记游名篇，如王勃《滕王阁序》、王禹偁《黄冈竹楼记》、徐霞客《游天台山日记》等，可以找来阅读、比较。我们读古代诗文，有必要了解一些古人记录时间的方法，包括纪年、纪月、纪日和纪时。"

我的设计思路是这样的：（1）本单元五篇文章都是写景散文，你是喜欢文言散文还是现代散文，为什么？（2）从情感角度审视，你觉得这几篇散文有没有共同之处，请谈谈你的理由。（3）通过对这组散文的阅读，你能谈谈阅读或写作这类散文的大致"套路"吗？在春、夏、秋、冬四季中，选一个自己感兴趣的季节，写一篇散文，不少于800字。（4）请以这组散文为例，谈谈你对散文基本特点的认识。（5）欧阳修有一篇《秋声赋》，找来读读，联系《赤壁赋》，谈谈"赋"作为散文的一种，与"记"这样的散文的最大区别在哪里？（6）收集一些写赤壁或泰山的诗文来读一读，探讨历代文人寄托在赤壁和泰山上的不同情思，探究其背后蕴含的文化意义。简言之，新教材的教学设计要由单篇设计到单元设计，由单篇教学到群文教学。单篇教学没有弄明白的单元教学、学习任务群教学是有风险的。

基于真实情境的探究学习与项目学习设计

我认为学习任务群、整本书阅读就是探究学习、项目学习的形式。因为项目学习就是面对一个特殊的将被完成的有限任务，它是在一定时间内，满足一系列特定目标的多项相关工作的学习掌握。学生完成项目学习的过程即是探究的过程。对学生来说，项目学习就是参与了一个长期的学习任务，要求他们扮演现实世界中的角色，通过工作，研究问题、得出结论，就像成人工作一样。他们常会遇到社区或真实世界中的问题，使用科技手段研究、分析、协作和通信。他们会在社区与专家或社区成员一起工作。学生接触各个学科领域，使他们更容易理解概念，明白不同学科是如何相互联系和相互支持。这当中需要的是协作与探究。《剑桥学习科学手册》的作者 R. 基思·索耶认为项目学习有这样五大特征：驱动问题、真实情境、多方协作、提供技术脚手架、学习成果（作品）。我认为"诸葛亮与南阳、诸葛亮与蜀汉、《三国演义》中对诸葛亮的形象描写、诸葛亮形象与《三国演义》的情节结构、《三国演义》中的诸葛亮与电视剧中的诸葛亮、《三国演义》中的诸葛亮与历史上的诸葛亮"，"《三国演义》中的矛盾冲突、《三国演义》的情节结构、《三国演义》中的场面描写、《三国演义》中的人物描写、《三国演义》中的人物关系、《三国演义》与章回小说、《三国演义》与《三国志》……"，这一个个任务就构成了整本书阅读的项目学习的形式。

项目学习，就形式而言，有微项目化学习、学科项目化学习、跨学科项目化学习、超学科项目化学习。我认为，关于某作家风格的研讨，就是微项目化学习；《三国演义》的整本书阅读，就是学科项目化学习；通过整本书阅读，形成相关的影视、美术、书法作品，就是跨学科项目化学习。至于超学科项目化学习可能就是学生运用所学超越学科知识的"原创"作品了,"诸葛亮与南阳""诸葛亮与蜀汉""《三国演义》与《三国志》"之类可能也有点超学科项目化学习的意味。从语文学科特质来审视,教师指导学生进行微项目化学习、学科项目化学习、跨学科项目化学习、超学科项目化学习都必须指向学生的语文学科核心素养的提升,而我认为,新课程标准提出的语文学科的四个基本素养之间不是并列的关系,能体现学科特质的核心素养应该是语言素养,即"语言建构与应用",其他几个素养和"语言建构与应用"之间的关系如下图:

所谓真实情境的探究学习与项目学习,简单来说,就是要让学生的学习,在具体的情境中发生,让学生在具体的学习任务与学习活动中学会学习。做到了这一点,"以学习为中心的语文课程教学实践"就在其中了。群文教学如果从语文学科的教学特质来看,需要采取的基本教学策略大概就是多元读写与基于讨论的教学,其中的关键任务是培养学生的批判性思维与质疑的意识与能力。多元读写侧重于培养学生识读素养所需要的平台和语言的数量与多样性,基于讨论的教学则聚焦学习者积极构建文本意义的批评和文化变量。如果将多元读写与基于讨论的教学结合起来,将更有利于激发学生在课堂上参与的热情。我认为,学生完成一个个具体的学习任务与具体的项目时,就是在"以学习为中心",教师思考大单元设计、指导真实情境的探究学习与项目学习,也是在"以学习为中心"。如果没有体现"以学习为中心",那么无论是学还是教,都偏离了课程标准与教材的要求。

语文教学设计必须正视语文学科的特殊性

语文学科的特点是没有严格的、内在的逻辑结构，同样一个文本，它既可以在初中阶段学也可以在高中阶段学，其中最大的差异无非是阅读的深度与理解的深度，当然还有对语法、逻辑、修辞、文章学等方面相应知识掌握的要求的不一样。

从学生的视角看，主要是学习方式上的差异。高中阶段的学习不仅需要大量记忆，还需要在基础知识之上提升思维素养，相对而言，高中各科的教学重在培养学生独立思考的能力和解决问题的能力，在教学中要鼓励学生去独立分析、总结和想办法。高中的学习重视知识内在联系和其形成过程，要求学生在理解记忆的基础上掌握知识的来龙去脉，对所学知识融会贯通，对学生的抽象思维及逻辑思维都有较高的要求。所以，从学习方式上讲，有意识地培养学生的自学能力和思维能力是关键。

因此，在初中阶段教学中，我们有意识地进行一些学科内知识的整合以及跨学科知识的整合的教学探索具有意义。改变观念才能改变行为，但不是让初中阶段教学高中阶段的内容。

威廉姆·沃克·阿特金森在《逻辑十九讲》中谈"概念和图像"时的一段文字，对我们理解教学也很有启发。"曾有一个小男孩爬上一棵大树坐在上面，看着过往的行人，记录下他们的谈论。第一个过路人注意到那棵树，大声地说："这棵树是一块好木料。""早上好，卡朋特先生。"男孩说。另一个过路人说，"我敢打赌树上肯定有一个松鼠窝。""早上好，汉特先生。"男孩说。接下来一个女人看见一只鸟，感觉它漂亮而狡猾；一个猎人看到鸟之后，就想要立刻把它猎杀；一个鸟类学家看到这只鸟，把它当成某个种属，又或者觉得它很适合自己喂养；农民见了鸟，认为它会吃昆虫或者庄稼。一个盗贼看见了监狱，会觉得它非常可怕；一个普通人看见了监狱，认为用它来限制犯罪非常有效；一个警察看到监狱，会认为这是他工作事务中的一部分。诸如此类，统觉会因每个人的先前经验不同而有所差异。同样，一个科学家看到一只动物或者一块岩石，会发现容易被普通人忽视的诸多特性。我们的训练、经验和偏见等，都会影响到我们的统觉。""每个人的统觉都会随着他自己的经验、受到的训练、脾气、口味、习惯以及风俗的不同而各有差异。"教学也是如此，对所谓群文阅读（教学）的认识千差万别，再正常不过。问题是，课程标准与教材既然提出了群文阅读（教学）这个要求（概念），我们总得试着做起来，而不是只让它停留在概念上，哪怕是一点点的改变。语文教学，真没有必要让学生每篇课文都弄通透，功利一点讲，你同他们弄透了，中考、高考又不会考，考的一定是他们没见过的文本，教学不过是以教材为例，帮助学生积累知识与经验而已，所谓能力一定是在一定的知识与经验的基础上形成的。离开了系统的语文知识与一定的阅读经验是不可能形成阅读技能的。有趣的是，当我们谈语文教学与高考应试时，有人会质疑，语文教学难道是为应试服务的吗？我的回应是，难道语文教学不应该关注考试吗？之所以是群文阅读（教学），关键是我们如何理解"群"，自然也会关系到将来的高考如何考，我认为，作为教师不认清这一点，自然不会去关注群文阅读，更不会去尝试群文教学。语文学科的特殊性从我的个人认知来看，主要体现在基础性、工具性、螺旋性、人文性及综合性等方面，但与其他学科相比，无疑缺乏严密的内在逻辑性。我们在设计教学与实施教学时必须充分考虑这些学科的特征，根据具体的教学情境灵活地采用相应的教学策略与教学方法，但灵活并不意味着不讲科学而只讲"艺术"。

任何一种教学方法运用的前提是要审视这一方法与这堂课的具体内容、教学对象、教学场景及其环境的配适情况如何，用过之后，如果还能有跟踪反馈才能知道合适不合适、恰当不恰当，譬如群文阅读，是不是适用于每个单元、每个班级，这些都要在反复权衡、评估的基础上得出结论，成功或失败的个案终究只是个案,任何时候我们都不能简单归因。一个教学设计再完美,也是与实际的课堂教学情况有距离,就如建筑行业按图施工是必须的,但施工过程遇到了设计之外的情况或者发现了设计的某些不足的时候,就要调整设计,更改图纸,否则就会出纰漏。

整本书阅读与学习任务群的教学处理

关于整本书阅读与学习任务群的教学处理，我的基本观点是，教师要阅读，不阅读或者匆匆忙忙地阅读，不仅不负责任，而且有违教学伦理。只有教师读明白了，才有可能指导学生认认真真地去读、去思考、去书写、去分享。课时不够，怎么办？课后没时间读，怎么办？这与教师如何处理教材有关。教材是用来用的，怎么用要看教师的专业知识与专业态度。为什么必须一本一本地阅读，还要书写、分享，甚至讨论、争论？语文教学的目的与任务使然。阿兰有个观点，著作梗概，虽无危险，却不能产生出合适的东西。他不明白的是，这些书对高中的学生而言，将来是要考的，而且根本不清楚会在哪几本书里找些什么东西来考！所以，我认为只读梗概，对于课程标准要求下的学生而言是危险的。

尽管任何一门课程都不是那么好教，但这个课程标准下的语文貌似更难教，真不知道各位同行有没有意识到这一难点，我的怀疑主要是这28本书有几位教师阅读过，有几位教师读通透了，然而，目前倒是出了不少整本书阅读的专家……据说，还能"快速地读透"……在这里说句题外话，遗憾的是，课程标准并没有定义和诠释整本书的概念。我理解的整本书：围绕独立集中的主题展开，有内在的、完整统一的逻辑结构，语言风格一致的那种"整本书"，而非装订成册的同一作者或同一文体或同一主题的"整本书"。

我这里要提醒各位同行的是，从课程标准与教材的角度来理解整本书阅读，其隶属于群文阅读，是群文阅读的一种形式，只不过高中《语文》必修上、下册整本书阅读的内容是《乡土中国》和《红楼梦》，其他的书籍则在选修与课外。

人教版高中《语文》必修上册第五单元是《乡土中国》的整本书阅读，

这个单元助学系统之一的单元导语是这样写的："阅读整本书,学习不同类型书籍的阅读方法,积累阅读整本书的经验,养成良好的阅读习惯,不断拓宽阅读视野,我们将终身受益。本单元阅读学术著作《乡土中国》。书中所写的'乡土中国','并不是具体的中国社会的素描,而是包含在具体的中国基层传统社会里的一种特具的体系,支配着社会生活的各个方面'(费孝通《乡土中国》)。从传统农村入手研究中国基层生活,源于作者对中国乡土社会的了解与情感,这是一种可贵的文化自觉。通过阅读这本书,我们可以进一步认识我们的国家和人民。阅读《乡土中国》,要注意理解书中的关键概念,把握全书的逻辑思路,了解这本书的学术价值;学会根据阅读目的选择阅读方法,积累阅读学术著作的经验。"而在"阅读指导"中提出的总的要求是:"读通、读懂,理解基本内容,并力求触类旁通,掌握学术著作的一般读法。""阅读这类著作,除了关注作者运用的材料、提出的概念,以及作出的理论阐释,还要看它在前人研究的基础上有什么创造,这种创造经历过怎样的探索,具有怎样的价值。"阅读的策略建议是:(1)要有阅读的"预期";(2)先"粗"后"细",逐步推进;(3)抓住核心概念,找出概念间的联系;(4)关注作者研究的思路;(5)反复阅读,积极思考。具体的"学习任务"有三个:(1)抓住核心概念,理解作者的观点;(2)分析整体框架,把握知识体系;(3)关注"问题",学以致用;(4)拓展阅读,知人论世。

对照课程标准与新教材的要求,我的设计思路是,为什么作者说搞清楚"乡土社会"这个概念,就可以帮助我们理解具体的中国社会?透过《乡土中国》,你看到了一个怎样的中国?《乡土中国》这本书属于哪个范畴的书?这是广义概念的还是狭义概念的"整本书"?你觉得《乡土中国》带给你哪些思考?假如让你选择书中的一章改编成纪录片,你会选择哪一章,谈谈你的构想。有人给《乡土中国》画了一个思维导图,你能按照这个图提供的思路画出本书每一章的思维导图吗?你觉得这张思维导图有没有需要调整、修改的地方,如果有,你将怎样修改,为什么?

感兴趣的话,可以阅读费孝通先生主编的《中华民族多元一体格局》,与《乡土中国》做比较,谈谈在内容、写作风格以及研究方式上哪些地方一样,

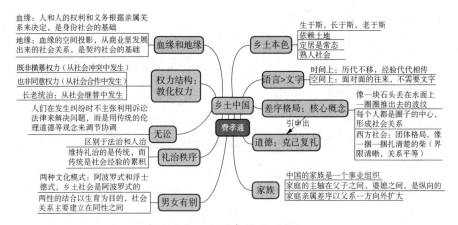

（说明：此图来源于网络）

哪些地方不一样。感兴趣的话，还可以读一读薛毅编的《乡土中国与文化研究》，看看这本书与费孝通的《乡土中国》有哪些共同点，有哪些不同点。写一篇千字文，谈谈你对这本书的价值和意义的认识。

在整本书阅读教学中，我的基本建议是：

（1）考虑时间与可能。时间是个常数，这里用得多了，那里就会用得少。学校与学校、学生与学生的条件也不一样，这不一样决定了不一样的"可能"。

（2）提供多样化的选择。教育、教学总是面对不同的群体与个体，群体与个体的基础不同，兴趣点也不同。尽管阅读有基本的方法与要求，教学也有基本的目标，但是在具体的群体与个体面前，他们的需求与"可能"是不同的。学生立场的基本的伦理就是不能只有一个标准，不能"一刀切"。

以《红楼梦》整本书阅读为例，可以让学生在以下这些话题中做自主选择：《红楼梦》中出现了多少诗词？你从这些诗词中看到了什么？《红楼梦》中描写吃的场面有哪些，透过这些场面描写我们可以看到哪些问题？《红楼梦》中有几次关于赏月场面的描写，这些描写主要有哪些变化，这些变化说明了什么？《红楼梦》中有不少关于风筝的描写，这些描写透露了什么？从诗词、吃的场面、关于风筝等的描写中你看到了一个怎样的曹雪芹，一部怎样的《红楼梦》？作者的人生经历与《红楼梦》有什么关系？《红楼梦》中重大的矛盾冲突有哪些?《红楼梦》中主要人物之间的关系图谱是怎样的?你怎样看贾宝玉与林黛玉、薛宝钗之间的关系?王熙凤在《红楼梦》的重大矛盾冲突中扮演了怎样的角色?《红楼梦》为我们展现了那个时代怎样的社会面貌?《红楼梦》中的人物描写有哪些特点?当然,我们更应该鼓励学生自己去寻找话题,设计阅读任务。

(3)从设计思维出发。教学是一种有计划的活动。所谓计划,就是一种设计。作为群文阅读的整本书阅读本身不是简单的学习任务,没有很好的设计将难有理想的实施。吉姆·奈特说,"社会性发展理论"研究证明:一旦学生能够看清学习内容与个人生活之间的关系,最能调动学生的学习积极性。为此,教师要精心设计使学生了解如何学以致用的学习经验与学习活动。

(4)让学生逐步进阶。香港大学教育心理学教授约翰·比格斯和凯文·柯林斯首创的 SOLO 分类评价理论,是一种以等级描述为特征的质性评价方法。其基本理念是:任何学习结果的数量和质量都是由学习过程中的教学程序和学生的特点决定的。他根据学生的已有知识结构、学习的投入及学习策略等多方面的特征,从具体到抽象,从单维到多维,从组织的无序到有序进行评价。如下表:

	能力	思维操作	一致性与收敛	回答结构
前结构	最低:问题线索和解答混淆	拒绝、同义反复、转换、跳转到个别细节上	没有一致性,感觉连问题是什么都没弄清楚就收敛了	无
单点结构	低:问题线索+单个相关素材	只能联系单一事件进行概括	没有一致性,感觉迅速收敛,触碰到某一点就立即跳转到结论上去,结论不一	I
多点结构	中:问题线索+多个孤立的相关素材	只能根据几个有限的、孤立的事件进行概括	虽然想达到一致,但基于只关注孤立的素材使回答很快收敛,对同一个素材得出不同结论	IIII
关联结构	高:问题线索+相关素材+相互关系	归纳:能够在设定的情境或已经历的经验范围内对相关知识进行概括	在设定的系统中没有不一致的问题,但因只有一种收敛方式,在系统之外可能会出现不一致	
拓展抽象结构	最高:问题线索+相关素材+相互关系+假设	演绎与归纳:能对未经历的情境进行分析、概括	不一致性消失,结论具有开放性,容许逻辑上兼容几种不同解答	

下面是我根据 SOLO 五种思维水平评价理论设计的指向学生进阶的《三国演义》阅读的预估：

前结构：被与文本无关的信息干扰，不能按学习目标的要求完成学习任务。如：不具备相关知识（章回小说、古白话文），无法顺利阅读整本书。

单点结构：能通读《三国演义》。但无法捋清小说中的人物关系，更不能理解其中的矛盾冲突及其影响等。

多点结构：能捋清《三国演义》中的人物关系，基本理解小说中的矛盾冲突，也有一些自己对人物形象、矛盾冲突、场面描写的基本理解。

关联结构：能在教师的指导及同学的分享中理解《三国演义》的文学价值，并能有理有据地阐述自己的观点，积极参与同学之间的讨论。

拓展抽象结构：不仅能在教师的指导及同学的分享中进一步理解《三国演义》中凸显矛盾冲突、人物形象、各种场面描写的手法及效果，还能在这些描写中获得关于人生、战争、政治、社会、历史等方面的启发，更能有意识地将其中一些描写手法运用到自己的表述中。其实，群文阅读乃至于所有的教学活动都存在一个对学生可能的学习结果有相应的预估，并力求在教学实践中帮助他们不断进阶，进而激发学生的学习热情的问题。

语文教学如何实现"教—学—评"一致性要求

无论是高中还是初中,新课程方案和新课程标准,都明确提出了"教—学—评"一致性的要求,我们需要做的是根据新课程方案和新课程标准的要求,从教学设计到教学实施,以及在教学过程中通过反馈与评价,帮助学生树立正确的价值观,夯实基础知识,提升所学学科的必备品格和关键能力。在这个过程中,关键的是要结合新课程标准与新教材提出的学生必须达成的目标、完成的任务要求的"质量标准",即"应知应会"的要求,在充分研究学生实际的"已知已会"的基础上,设定具体的教学目标、教学任务,然后组织教学活动,以及在课堂上根据学生具体的学习状态,采取有效的反馈、评价策略,调动学生的学习积极性,将教学目标、教学任务落实到每一个章节、每一个板块、每一堂课中去。

以义务教育阶段语文学科为例,要思考如何将课程标准提出的学科核心素养四个方面的内涵,以及本课程教学的九个总目标落实到具体的教学过程中。简言之,就是要在将课程标准的目标、要求转化为具体的教学认知和教学行为上花气力。而要做到这一点,则需要我们在研究新课程方案和新课程标准中改变观念,在改变观念的基础上改变自己的教学行为。

新课程标准视域下的语文"教—学—评"一致性内涵

要落实"教—学—评"一致性的要求,首要要明确具体的教学目标及学习达标的具体标准,要求我们在教学设计及实施过程中从课程标准提出的学科核心素养发展水平出发，结合具体的教学内容，从学生的实际出发去理解课程标准与教材的要求，确定具体的教学目标，帮助不同学业水平的学生在掌握、理解、运用所学知识过程中提升学科核心素养。我的理解是，即便是教学设计也要将评价贯穿始终，解决"为什么教""教什么""教到什么程度""怎么教"的问题，并通过评价手段，帮助学生明确"为什么学""学什么""学到什么程度""怎么学"等问题。随之而来的就是思考，通过怎样的技术手段在教学设计与实施中实现"教—学—评"一致性。就我所掌握的知识来看，如果我们能学习一下SOLO分类评价理论，将可以在实践中慢慢找到解决这一问题的路径。

SOLO分类评价理论（即可观察的学习成果结构）是由香港大学约翰·比格斯和凯文·柯林斯在1982年提出的，不久这个理论逐渐成为一个脍炙人口的教学模型。SOLO分类评价理论与布鲁姆的教育目标分类相比，其优点是提供了一个系统与语言模型。这一模型不仅可以帮助教师在教学设计与教学实施中评估"教到什么程度""学到什么程度"，而且可以让学生对照学习目标与成功标准对自身的知识掌握情况进行自我反馈与评估。通过反馈与评估，实现如《可见的学习：最大程度地促进学习（教师版）》的作者约翰·哈蒂所提出的有效的反馈必须回答三个重要问题：我要去哪里？我进展如何？下一步去哪里？约翰·哈蒂认为约翰·比格斯和凯文·柯林斯提出的SOLO分类评价模型，"是解释这三个水平并将其融入学习目的和成功标准的最有效的模型"。"在这个模型中有四个不同层次，分别被定义为'单点结构层次''多点结构层次''关联结构层次'和'拓展抽象结构层次'，它们分别意指'一个观点''许多观点'和'拓展观点'。前两个层次是表层学习，后两个层次属于深加工。表层理解和深层理解一起使学生最终形成概念性理解。"

如何借助SOLO分类评价模型促进教学评一体化

教学活动本身就是一种转化——对教材的二次开发，教学是否有智慧，更多地表现在一个教师能不能从学生的实际水平出发将课程标准的要求与把教材的内容转化为课程资源——编制具体的教学目标、教学任务，并根据课堂上的具体情况组织学生开展学习活动。教学是否有效关键在于是否高度重视反馈与评价方式的设计与实施。

近年的高考试卷已经尝试用SOLO分类评价理论来实行"采意给分"的评分方式，鼓励学生独立思考。作为打基础的义务教育各学科教学，要很好地在课堂教学中落实新课程方案提出的"教学评一体化"的要求，提升学生的学科核心素养，尤其在培育学科思维素养时，教师要有意识地运用SOLO分类评价理论，认真评估学生在某一个具体内容的学习中可能达到的思维层次，并在教学中让学生明确不同思维层次应该达到的具体学习目标和成功标准，提醒他们在具体的学习进程中对照学习目标与成功标准判定自己的学习程度，通过自我反馈，调整学习策略与方法，依据成功标准，朝着自己可能达成的下一个目标努力。如果学生明确了学习目标以及成功标准，他们就可以对照学习目标与成功标准，随时随地评估自己和他人的学习进展和学习成效，并根据自己的学习状况，调整学习策略与学习方法，朝着下一个学习目标与成功标准努力。同时，也可能会向教师和同学提出需要在帮助自己达成下一个学习目标、走向成功的过程中提供怎样的帮助。教师也可以对照预设的学生的学习目标与成功标准，督促学生及时评估与反馈自己目前学习的状况，思考下一步要做怎样的努力，如何在接下来的学习活动中慢慢接近下一个学习目标，走向新的成功。

我认为，要借助SOLO分类评价模型实现"教学评一体化"，一方面必须高度重视教学目标的设定与陈述，教学目标应该是教学的结果，也应该是教学评价的依据，所有教学任务的落实与教学活动的组织都应该在教学目标的统摄下展开，也应该是奔着达成教学目标去的。如何帮助学生在一个个任务与一个个活动中走向教学目标（或者说是学习的结果），要求教师转变观念，确立"以评促学"的理念——通过多样化的、多维度的反馈、评价推动学生更好地学。

以人教版《语文》九年级上册《怀疑与学问》为例，我根据SOLO分类评价模型，预设了学生在学习中可能达到的四个层次的学习目标与成功标准，从课堂教学的实际情况看，教学效果还是比较理想的。

	学习目标	成功标准
单点或多点结构层次	能流利朗读课文；能找到作者的主要观点，知道课文基本的论证方法	能流利朗读课文，但没有理解文意及作者的情感、态度；能根据写作背景，找出课文的主要观点，判定基本的论证方法
关联结构层次	能陈述课文的论证结构、论证思路，初步理解作者的基本观点、立场以及课文主要的写作方法	能在教师的指导及同学的分享中厘清课文的论证结构，领会作者的论证思路，理解作者的基本观点、立场以及课文主要的写作方法
拓展抽象结构层次	能在理解作者的基本观点、立场以及课文主要的写作方法的基础上对课文进行质疑与思考，并能学习课文的写作方式，尝试议论文的写作	能在教师的指导及同学的分享中厘清课文的论证结构，领会作者的论证思路，理解作者的基本观点、立场以及课文主要的写作方法；能对课文进行质疑与思考，并能学习课文的写作方式，尝试议论文的写作

表中第一列呈现的是学生不同的思维水平，第二列呈现的是不同思维水平的学习目标，第三列呈现的是与不同思维水平、不同学习目标相对应的成功标准，学生可以根据成功标准判断自己所处的思维水平，明确下一个努力的目标。

我们在教学设计时，如果充分考虑学生在不同思维层次上的学习水平，就会花心思去思考如何帮助学生从"一个观点"走向"许多观点"，并形成自己的"拓展观点"，在表层学习与深层理解的基础上形成对《怀疑与学问》这篇课文的一些概念和问题的理解、掌握。

如何在 SOLO 分类评价模型指导下进行教学评价

如何才能很好地将 SOLO 分类评价理论运用到具体的教学设计中去，研判学生的学习内容的学习目标与成功标准呢？我的基本观点就是要努力在新课程标准与新教材规定的"应知应会"和学生实际的"已知已会"中不断权衡。下面以现行小学《语文》四年级下册第二单元《飞向蓝天的恐龙》为例，具体谈一谈我这个基本观点的具体操作。

现行教材相对于《义务教育语文课程标准》（2022版）来讲，应该属于"旧教材"，但当我们认真研读了现行教材这个单元的助学系统，对照《义务教育语文课程标准》（2022版）课程目标中第二学段（3—4年级）"阅读与鉴赏""表达与交流"的基本要求，如"能联系上下文，理解词句的意思，体会课文中关键词句表达情意的作用"，"能初步把握文章的主要内容，体会文章表达的思想感情……能对课文中不理解的地方提出疑问，乐于与他人讨论交流"，"能复述叙事性作品的大意，初步感受作品中生动的形象和优美的语言，关心作品中人物的命运和喜怒哀乐，与他人交流自己的阅读感受"，"听人说话时能把握主要内容，并能简要转述。能就不理解的地方向人请教，就不同的意见与人商讨"，"能清楚明白地讲述见闻，说出自己的感受和想法。讲述故事力求具体生动。能主动参与日常生活中的文化活动，根据不同的场合，尝试运用合适的音量和语气与他人交流，有礼貌地请教、回应"，等等，就会发现现行教材还是能体现新课程标准的基本理念与基本要求的。

这个单元的单元导语为："蓝天、森林、大海，蕴藏着自然的奥秘；过去、现在、未来，述说着科技的精彩……"这两个句子交代了本单元的课文内容以及文体；而"阅读时能提出不懂的问题，并试着解决。展开奇思妙想，写一写自己想发明的东西"这两个句子则向学生提出了学习这个单元的基本任务，或者说基本要求。此外，还通过"资料袋""小练笔""口语交际""习作"等助学系统分别提出了这个单元学习的一些要求，如："准确表达信息"。"清楚、连贯地讲述。""你想发明什么？它是什么样子的，有哪些功能？把它写出来介绍给大家吧。""阅读科普作品的时候，可能会遇到一些不理解的科学术语。这时要运用在课上学过的方法，试着去理解。"……《飞向蓝天的恐龙》课文后的学习要求有："默读课文，把不懂的问题写下来，并试着解决。""假如你是一个解说员，会怎样简明扼要地介绍恐龙飞翔蓝天，演化成鸟类的过程?""课文中的不少语句表达很准确,如科学家希望能够全面揭示这一历史进程。找出这样的语句读一读,说说自己的体会。"我认为以上这些,就是教材与课程标准要求的"应知应会"。

如果我们再回忆一下这册教材第一单元的教学要求,就明白学生过去已经在阅读中进行过抓住关键词领会课文的意思以及转述的训练,我以为回顾教材系统前面的学习要求,是研判学生"已知已会"的重要一环,至于具体的学生实际达成情况,还需要通过类似复习回顾、课前谈话等策略做一些"前测",限于篇幅这里不作展开。这些前期准备工作做扎实了,就可以对照SOLO分类评价理论的基本模型考虑这篇课文教学时学生的思维由简单到复杂层次的学习目标与成功标准了。

	学习目标	成功标准
单点或多点结构层次	知道有恐龙的一支飞向蓝天演化成飞鸟	能回忆转述的基本要求,向同学转述恐龙的一支演化成飞鸟的过程
关联结构层次	知道有恐龙的一支飞向蓝天演化成飞鸟,以及科学家是怎么发现这个演化的	能由转述转而解说恐龙的一支演化成飞鸟的原因以及科学家的研究历程
拓展抽象结构层次	在对恐龙的一支飞向蓝天演化成飞鸟过程的介绍中,学习向他人介绍一个科学研究项目的基本方法	能结合课文的基本说明方法,向同学介绍自己想研究的一项发现,如风筝为什么可以在蓝天飞翔

从教的视角讲,教学设计中必须呈现明确而具体的可供学生参照的评价、反馈的基本标准,至少在学习目标的陈述中充分体现可用来评价的标准的要求。我经常举的例子是:你今天要学的是用三步投球动作把球投到篮筐里去。如此,学生在学会了单手运球后就要学习双手交叉运球,还要学习在运动中的单手运球、双手交叉运球……慢慢地还要学习在与对方队友的"对抗"中运球,比赛时的最终目的是把球投到篮筐里去——可以自己投,也可以将球

传递给自己一方投球最准的那位队友或者是占据最佳投球位置的自己一方的队友……其中还要调动观察、速度、反应等其他素养。学生就在这样的学习过程中不断评估、反馈自己的学习进程（我这里说的进程，包括学习进展与学习质量），不断明确下一步努力的方向和努力的行动。

  总之，落实新课程方案与新课程标准提出的"教—学—评"一致性要求，需要教师在教学设计与教学实施中，运用类似 SOLO 分类评价模型等评价理论与技术，以学习目标与成功标准的设定为基础，使教师能在教学中不断评价、反馈"教到什么程度"，帮助学生不断评估自己"学到什么程度"，规划下一步"学什么""怎么学"。实际的教学需要教师发挥自己的智慧，根据新课程标准的目标、要求和教材的内容，联系学生的具体情况，同时根据教师个人的教学理解处理教材（选择、分割、取舍、替换、整合等）。这背后是教师的个人知识（学科知识、教学理论知识等）使然。

不同的课型应该有不同的教学设计

有一回,我在一所学校听了四堂课,其中有两堂课是一个人上的,有两堂课是两位前辈上的。总体感觉,从应试的角度来讲,是比较扎实的,学生的基本功也是比较好的;但另一个感觉是,这几堂课的课型模糊,于是我在同教师的交流中主要谈了课型与教学的问题。为什么要弄清楚这个问题,因为教师很少根据课型设计教学,这是个普遍问题。教师对课型与教学之间的关系不够重视,由于不重视,新授课与复习课、练习课、讲评课基本上是一个样子。

一般而言,课型大概分为三类:新授课、复习课是一类;练习课、讲评课是一类;实验课是一类。从语文学科的特点来分,则有阅读课和写作课,阅读课又分为教读课和自读课,如此,就有阅读课和写作课,教读课和自读课的课型之分……

我在听这几堂课时很纠结,譬如《走一步,再走一步》那堂课,我记得教材中属于自读课文。但那位教师的课,开始我以为是新授课,进入了一定的状态以后,我发现像复习课,再上着上着,我发现又是练习指导课,还不是讲评课。但我觉得那篇课文应该属于自读课。经验告诉我,许多语文教师是不知道怎么上自读课的,原因在于没有搞清楚课型。这篇课文在人教版《语文》七年级上册的第四单元,这个单元的学习要求是:"继续学习默读。在课本上勾画出关键语句,并在你喜欢的或有疑惑的地方做标注。在整体把握文意的基础上,学会通过划分段落层次、抓关键语句等方法,理清作者思路。"课文后面"阅读提示"要求学生勾画出文中标志事件发展和描写"我"不同阶段心理活动的语句,试着复述这个故事;并要学生谈谈自己有没有类似的经历，是怎样克服的。单元导语规定了本单元的学习目标，规定了具体的课文的学习方法和任务。我们的教学设计就要根据教材的这些要求来。教学目标不能偏离教材目标，教材要求圈点和批注，教学过程中就要让学生圈点和批注。自读，就是让学生自己读。稍微说得具体一些，就是让学生运用讲读课上学习的方法自己读，当然，在这个过程中必须有具体的任务，这篇课文的任务之一就是圈点和批注。

罗晓晖老师的《追求更高品质的阅读教学：中学语文名师课例深度剖析》从课型入手分析了当下颇有影响的一些教师的课例，可谓针针见血。我也关注课型，不过是从教材出发，阅读分自读、教读、赏析，写作则分指导与讲评，而不是从阅读本身考虑。我对几位熟悉的名师做了简单而直接的随手批注，至于多年不教语文课的，称呼他语文教师有点恭维。有的教师我不熟悉，未做评论，但就课例看，认同作者的分析，遗憾的是，这本书居然没有作者当地名师的课例。对此，罗晓晖老师是这样解释的："第一，我要找名师自以为经典的课例；第二，这些课例要有批评价值。我太孤陋寡闻，在当地名师中没有找到凌兄所谓的'像模像样'的语文课，所以阙如。"但我要说，当地上得出像模像样的语文课的教师，其实不少。

罗晓晖老师提出的阅读教学"七课型说"（凌宗伟注：我给起的名称）体现了学科特质，也符合不同阅读目的，只是复杂了一点，要求高了一些，估计绝大多数教师做不到。不过，其主要精神我以为与莫提默·J.艾德勒和查尔斯·范多伦的《如何阅读一本书》有异曲同工之妙。莫提默·J.艾德勒和查尔斯·范多伦认为，阅读有三个层次，但不管什么层次，每一次阅读总不可能面面俱到。不同的课型有不同的教学目标，不能太杂，也不能太散，得有个分寸拿捏。我这些年思考教学设计的问题，主要的精力放在教学目标的设定与陈述上，因为任何教学活动都要为达成教学目标服务，同样，教学策略与教学方法的选择也要指向教学目标。不同的课型自然有不同的目标与任务，不同的学生更应该有不同的目标与任务，一堂课的目标太多，任务太重，花样过多的结果可想而知。有人说，罗晓晖老师的课型说也是片面之词，我认同，但教学根据课型与学情确定目标与任务，我认为无须讨论，至于有哪些课型则另当别论。也有教师觉得罗晓晖老师的这本书有揪着瑕疵放大来看的嫌疑；而我觉得这本书的价值正是敢于在一片叫好声中提出异议，且没有全盘否定名师的课例。没有批评与质疑，何来进步？大家都说好话，名师何以认识不足？尽管我觉得罗晓晖老师希望名师谦卑一点可能属于一厢情愿，但这至少属于相对集中地谈了名师课堂中的某些不足。总比前几年没人愿意评某教师的《老王》课例，唯我不知深浅接下了这件事，后来我发现他们不评的原因，转而以说好话的方式说了一些"坏话"，比较而言我则属于勇气不足。

尼采早年说过："我觉得沉默比直接的恶意更加危险。因为沉默便是怀有异议，有异议却不提出来则必然产生愤懑。相反，那些有别于沉默的粗鄙之人反倒相对值得尊敬，因为他们的异议用最直接的方式表达了出来，这在假面社会里简直就是天使才会有的行为。"

也许正因为非名师的缄默，名师才有了今天的名望。在我看来，既然罗晓晖老师敢于直截了当批评名师代表课的不足，自然有接受批评和质疑的心理准备。我看重的恰恰是批评的勇气。

有朋友同我说：语文课型论，是否容易导致语文课变得僵化，且非人文化。并且，还可能使语文教师形成较为狭隘的学科本位意识。课型一说，放到中学似乎更合适。我认为，课型还是需要考虑。小学也有不同的课型啊，譬如说话、阅读、写作。至少要突出说话课就是说话课，阅读课就是阅读课，至于休闲拓展的阅读，则不必分得那么清楚。小学的课型更多是混杂的，这是因为小学教师缺乏课型意识，每堂课可得的东西本来就有限，20 世纪有人倡导"一课一得"是有道理的，抓住机会适度拓展也是可以的。关于尊重不尊重，我是这么看的，课例是公开的，任何人都可以评说，至少课例的主人应该有这个心理准备。我的观点，学术批评，讲究的是学理而不是批评的对象，只要没有人身攻击，尊重已经在其中了。批评的目的无非是提醒，是建设，至少也是讨论。至于当面说，一要有机会，二要能接受，三当面说要考虑颜面。

附：从自读课的特点出发设计《昆明的雨》的教学

无论什么教学设计总要追求教学的针对性与有效性，我认为，所谓针对性至少包含这样两个因素：一是课程标准的要求以及教材本身的指向性，一是学生的实际情况尤其是学生个体的差异性。课程标准与教材规定了具体的教学目标与教学任务，这些目标与任务原则上讲每个学生都必须达成，但在实际的教学中因为学生的个体制约了目标的达成与任务的推进，我们在实际的教学中往往只能尽自己的努力去追求目标与任务达成的最大化。《有效教学设计：帮助每个学生都获得成功（第四版）》的作者说："当你认为所选择的策略对一个或一些学生有益时，要确定它们是否实际上对许多学生有益。"

从教材与课程标准的关系来看，一般而言，教材就是课程标准的具体化。或者说，课程标准提出来的目标与任务就是通过教材这一媒介去实现。所以，教学设计要确保其针对性与有效性，首先要有课程意识，至少要有单元意识，而不能只有一节课一节课的意识。

《昆明的雨》在人教版《语文》八年级上册第四单元，属于阅读单元。阅读单元，一般由两种课文组成，一种没加"※"号，一种加"※"号，不加的属于教读课文，加的属于自读课文。《昆明的雨》在这个单元属于自读课文。长久以来，教师在实际的教学中对自读课文的处理方式一般不外乎两种：一种是教师像教读课文一样地教授，另一种则基本属于撒手不管。自读课文怎么教？从字面理解，就是让学生自己读课文。尽管这类课文一般文字比较浅显，便于学生阅读和理解，但对学生的阅读能力尤其是思考能力的要求比较高。教师对学生的自读究竟应该承担怎样的教学责任？这里涉及一个话题，那就是课型。只要我们稍微留心一下人教版《语文》教材，就会发现，教材的编排者有课型意识。这套教材大致将课型分为阅读、写作、名著导读、课外诵读、口语交际、综合性学习、活动·探究等课型。作为语文教师，我们有必要也有责任在课堂上根据教材的分类确定不同的教学目标、采取不同的教学策略与方法去实施教学。而在实际的教学中，教师普遍没有课型意识。

尽管都是阅读，教读与自读终究有区别，区别在哪里？我认为还是在课型上，简单地说，教读就是教学生读，自读就是让学生自己读。如果像教读课一样去设计教学、实施教学，或者以"放羊"的方式让学生自读显然不尽责，至少不专业。那么，自读课怎么设计与实施，自读课如何让学生自己读？我的理解就是，教师要指导学生用他们在教读课中学习的方法自己读，学生在读的过程中遇到问题自己解决不了的时候，教师要及时施以援手，更为重要的是，教师必须从课程标准与教材要求出发，根据学生的具体情况为学生的自读提供方向性指导。

现行教材在每一个单元都有一段文字说明本单元的旨意——本单元的主旨是什么，学生通过这个单元的学习应该掌握什么，形成哪些技能。八年级《语文》上册第四单元的单元导语是这样的："这个单元学习的散文类型多样，或写人记事，或托物言志，或阐发哲理，或写景抒情，展示了丰富多彩的自然景象和社会生活，表达出独特的情感体验和深刻的人生感悟。阅读这些散文，领会作品的情思，可以培养审美情趣，丰富精神世界。学习这个单元，要反复品味、欣赏语言，体会、理解作者对生活的感受和思考，并了解不同类型散文的特点。"当我们认真推敲一下这段文字就会发现，这个单元的教学任务是：指导学生了解散文的特点及其不同样式（知识）；领会作品的情思，培养审美情趣，丰富精神世界（情感态度和价值观）；品味、欣赏语言，体会、理解作者对生活的感受和思考（技能）。我认为，无论是教读还是自读都必须围绕这三个方面展开。也可以这么说，这三个方面就是这个单元教学的基本目标。而具体的课文，在某种程度上说，既可以理解为实现目标的媒介，也可以理解为走向目标的任务。

现行教材在具体的课文前后，则借助"预习""思考探究""积累拓展""阅读提示""读读写写"等形式，分别对课文的教学提出了一些相对具体明确的教学任务，也可以理解为一些具体教学活动的要求。自读课文，一般是通过"阅读提示"和"读读写写"来呈现的。

《昆明的雨》的"阅读提示"是这样的：

"本文题为《昆明的雨》，却并未用大量笔墨直接写雨，而是从一幅画写起，将记忆中昆明雨季的景、物、事一幕幕展现开来：肥大的仙人掌，好吃与不太好吃的菌子，火炭般的杨梅，带着雨珠的缅桂花，还有卖杨梅的苗族女孩，卖缅桂花的房东母女，更有莲花池边酒店里与友人的小酌……文章信笔所至，无拘无束，看起来有些"散"，但其中贯穿着一条情感线索——对昆明生活的喜爱与想念。作者用这样一条线索将零散的素材聚拢起来，鲜活、立体地描绘出一个"明亮的、丰满的，使人动情的"昆明雨季。

作者曾经说过：我想把生活中真实的东西、美好的东西、人的美、人的诗意告诉人们，使人们的心灵得到滋润，增强对生活的信心、信念。本文正是这样一篇充满美感和诗意的作品，其中有景物的美、滋味的美、人情的美、氛围的美。可以试着找出自己喜欢的段落，做些圈点批注，并通过朗读加以品味。

汪曾祺的散文，往往拾取生活中的琐细事物，娓娓道来，如话家常，平淡自然，却饶有趣味。再找几篇（如《故乡的食物》《翠湖心影》《我的家乡》等），细细品读，体会作者散文的独特韵味。"

这个"阅读提示"由两部分组成。一部分谈这篇文章的构思："本文题为《昆明的雨》，却并未用大量笔墨直接写雨，而是从一幅画写起，将记忆中昆明雨季的景、物、事一幕幕展现开来。"用"对昆明生活的喜爱与想念""这样一条线索将零散的素材聚拢起来，鲜活、立体地描绘出一个'明亮的、丰满的，使人动情的'昆明雨季"。并引用作者的观点告诉学生：这是"一篇充满美感和诗意的作品"。同时要求学生"试着找出自己喜欢的段落，做些圈点批注，并通过朗读加以品味"。可见这些提示与单元导语中"阅读这些散文，领会作品的情思，可以培养审美情趣，丰富精神世界。学习这个单元，要反复品味、欣赏语言，体会、理解作者对生活的感受和思考，并了解不同类型散文的特点"的要求是一致的。因为这是一篇自读课文，加之行文本来就不复杂，所以通过"阅读提示"将这篇文字的结构特点直接告诉了学生。因此，在教学设计中对文本的分析就不必花过多气力，需要做的是引导学生通过阅读去品味、体会行文的特点，并通过文章中那些令作者流连忘返、回味无穷的画面的描述，走进"明亮的、丰满的，使人动情的"昆明雨季。透过文字去领略作者的审美情趣及丰富的精神世界。同时，还提醒学生在阅读的过程中做一些圈点批注，品味作者的语言与情思，谈谈自己的感悟。还有一点，既然是阅读，从形式上讲，朗读是一个必不可少的环节。

"阅读提示"的另一部分，前面一句谈这篇文字的风格，也可以理解为作者散文的基本风格，后面一句谈与这篇课文阅读相关的任务，或者说是以往所说的拓展性学习任务。但，如果我们研究过《普通高中语文课程标准》（2017年版2020年修订）的话，或许就会想到"学习任务群"这个概念。在我看来，这个提示，至少提醒我们在设计教学时，必须考虑给"高水平"的学生做一做关于群文阅读的指导，如果可能，最好还要兼顾"接近水平"与"起点水平"的学生如何进行群文阅读的指导。

在研读与分析了上述信息的基础上，我这样设定《昆明的雨》的教学目标（根据加涅的观点：教学目标也是学生的学习目标）：

（1）回忆散文的特点及分类知识。阅读课文，体会课文以对昆明生活的喜爱与想念为线索将零散的素材聚拢起来，鲜活、立体地描绘出一个"明亮的、丰满的，使人动情的"昆明雨季的结构的特点。

（2）朗读课文，品味课文是如何将"生活中真实的东西、美好的东西、人的美、人的诗意告诉人们，使人们的心灵得到滋润，增强对生活的信心、信念"。

（3）在阅读中找出自己喜欢的段落，做圈点批注，将自己对这些段落的感知、认识、判断以及疑问采用自己喜欢的方式与同学分享。

（4）课外阅读作者的《故乡的食物》《翠湖心影》《我的家乡》等散文，细细品读，在班级读书会上谈谈作者的散文有怎样独特的韵味。

（5）在阅读中联系具体的语境掌握并理解"辟邪""鲜腴""情味""密密匝匝""连绵不断""张目结舌"等词语的音、形、义。

上述目标在教学进程中有些目标在更多的情况下是交叉并行的，而不是分列独行的，如果要尝试群文阅读的话，实际课时可能需要两到三课时。如果只是读读议议，也可能一课时就够了。这要根据具体的教学情境来确定。

为达成上述教学目标，我设想的学生的学习任务有以下这些：

（1）课前要求学生通过上网检索，或者通过查阅资料了解作者及作者与昆明的关系，以及人们对作者散文风格的评价（包括对《昆明的雨》的评价），制作成资料卡（可以是纸质版，也可以是电子版），通过教室的粘贴板或班级的网络平台与同学分享。

这个任务须视学校与学生的具体情况落实。如果学校与学生的情况不够理想，则可由教师在引导学生分析"我想念昆明的雨"及为什么要写"昆明的雨"时相机通过演示文稿或其他方式呈现给学生（提醒高水平的学生在《昆明的雨》中找到与这些资料相对应的佐证，并尝试做一些鉴赏性的分析；接近水平的学生只要能找到一两个佐证性的段落就行；而起点水平的学生就只要知道这些知识就行了）。

《昆明的雨》写于1984年5月19日，首次发表于1984年第十期的《滇池》。汪曾祺在西南联大和昆明生活了七年。这当中他有过迷茫，甚至也有过死的念头，可幸的是，他结识了很多的师长（比如沈从文）和朋友，开始走上文学道路，在西南联大，没课的时候，他就溜到某不知名的小酒馆，要上一碟猪头肉，咂一口绿釉酒，赏馆外碧叶藕花，听檐上昆明的雨。还结识了后来和他相知相爱的施松卿。昆明是他的第二故乡。在他的内心深处有着深厚的昆明情结，这种魂牵梦绕的昆明情结，让他在年近古稀的时候，还几度千里迢迢来到昆明，寻觅自己青年时代留下的足迹……

鹦鹉史航说：这世间可爱的老头儿很多，但可爱成这样的，却不常见。

黄裳曾说他：他的一切，都是诗。

梁文道说他的文字：就像一碗白粥，熬得刚好。

贾平凹说他：是一文狐，修炼成老精。

"文狐"一词，第一次出现在贾平凹的记游诗中：

平生懒出门，西南第一行。

不慕高堂显，一识汪与彭。

桂林七日短，南宁非长程。

说文梽榔下，啖荔叙缘情。

汪是一文狐，修炼成老精。

彭有双瞳目，伺然识大鸿。

红土多赤日，晒我脸如铜。

身无彩翼飞，心有一灵犀。

人生何其瞬，长久知音情。

愿得沾狐气，林中共营生。

一编散文卷，鸟知树包容。

注：彭为江西作家彭匈。

（2）学生回忆过去在课堂上或者通过其他途径了解到的散文的知识，结合单元导语和"阅读提示"，谈谈在有限的时间内我们如何自读这篇课文。

这个任务同样需要视具体学校与学生的情况而定。复习回忆的工作高水平的学生可以放在课前，接近水平与起点水平的学生则可以在课上，方式可以是同侪互教。教师需要注意的是，提醒学生在单元导语与"阅读提示"中揣摩教材的要求，并根据学生的讨论，与学生共同商定学习目标，研究为完成学习目标可以干些什么。

（3）通读课文，思考作者为鲜活、立体地描绘出一个"明亮的、丰满的，使人动情的"昆明雨季的特点，为什么选择了"肥大的仙人掌，好吃与不太好吃的菌子，火炭般的杨梅，带着雨珠的缅桂花，还有卖杨梅的苗族女孩，卖缅桂花的房东母女，更有莲花池边酒店里与友人的小酌"，这些画面，你觉得美不美，为什么？说说你的理由。

教师要指导学生在阅读中关注作者遣词造句背后的情感态度及审美取向。这个任务推进时需要组织学生通过"独立完成——小组讨论——大组交流"的流程稳扎稳打，教师通过个别指导、参与讨论、针对性点评给学生的学做出及时适度的反馈，为学生的学提供有效的帮助。

（4）学生根据自己的喜好选择课文的有关段落，做圈点批注，并在课堂上与同学分享自己对这些段落的感知、认识、判断以及疑问。

教师在学生做圈点批注前，必须引导学生回忆初一以来学习的圈点勾画的标记及方法，提醒学生在阅读的时候，关注文中的遣词造句、修辞手法、标点符号等，并将其放在具体的语境（如段落、全文）中思考它们的表达效果。特别需要提醒的是，对自己所用的圈点勾画等标记的内涵一定要有清楚的、一贯的理解，以防时间长了以后遗忘。这个环节最关键的是，尽最大可能了解学生的实际操作情况，并在每个学生需要的时候施以援手。至于分享，则可以通过实物投影、当堂陈述、讨论质疑等形式进行。

对起步水平的学生的要求："阅读提示"中"作者曾经说过：我想把生活中真实的东西、美好的东西、人的美、人的诗意告诉人们，使人们的心灵得到滋润，增强对生活的信心、信念。本文正是这样一篇充满美感和诗意的作品，其中有景物的美、滋味的美、人情的美、氛围的美。"你能不能从文中找一两个例子来谈谈？

对接近水平的学生的要求：有人说，汪曾祺散文最讲究的是意境，他这种追求渗透生活中的一颦一笑，即便在逆境中也能寻出美来，自得其乐。请就文中写"淡淡的乡愁"的那段文字谈谈你的看法，说说是不是如此。

而对高水平的学生的要求，则可以在要求上述两类学生研究讨论的基础上提出更加具体的一些问题，比如如何透过文中的一些词语与标点的选择来领略作者"使用语言，譬如揉面""抒情就像菜里的味精一样，不能多放"的审美追求。

（5）问题思考（学生可以从中选择一二，不必全选。我设计这些问题，并不企求学生能有一个明确的、精准的答案，只是想通过这些问题引发学生思考，让学生意识到，阅读要用心，要不断发现问题，要随手记下些许思考。坦率地说，有些问题我自己也没有明确的答案，然而有没有答案并不是关键，关键是，我们有没有在无疑中生疑的意识）：

①作者说："生活，是很好玩的。"你觉得本文写得好玩不好玩，为什么？

②作者是江苏高邮人，不可能不知道何为"雨季"，为什么要说自己"以前不知道有所谓雨季。'雨季'，是到昆明以后才有了具体感受的"？

③明明说"我想念昆明的雨"，却又说"我不记得昆明的雨季有多长"，这不矛盾吗？作者仅仅是"想念昆明的雨"吗？

④从"城春草木深，孟夏草木长"这个句子，你能感受作者怎样的语言修养？你能从课文中找到类似的句子来谈谈吗？

教师可以向学生提供下面这些资料，启发学生思考。

孙郁说："汪曾祺那个传统坚守的往往是纯朴的东西。在他看来，空言无益，把自己办不到的事情用到文章里，就易虚假，最后流于精神的浑浊。"（《汪曾祺：清浊之间》《文汇读书周报》）李陀在《道不自器，舆之圆方》中说汪曾祺："把白话'白'到了家，然后又能把充满文人雅气的文言因素融化其中，使二者在强烈的张力中达到和谐。"（《重读大师——激情的归途》）汪曾祺从小便接受了儒家经典的熏陶，他的祖父为他讲解《论语》，父亲请当地名流向他传授古典文学。他自己阅读甚广，中国古典文论、古代散文，尤其偏爱接近自己心性的晚明性灵小品。深厚的古典文学功底，使他在语言方面简省、本色、平淡而又不让人有隔阂之感，如素描的得其精髓，如中国画的计白当黑。对民俗的体察，对生活之平凡人、平常事的关注，又使他的语言口语化，读来不觉俗气，反觉畅快淋漓，甚至叫绝。

汪曾祺曾在散文集《蒲桥集》的封面上自述："此集诸篇，记人事、写风景、谈文化、述掌故，兼及草木虫鱼、瓜果食物，皆有情致。间作小考证，亦可喜。娓娓而谈，态度亲切，不矜持作态。文求雅洁，少雕饰，如行云流水。春初新韭，秋末晚菘，滋味近似。"

譬如文中的"鲜腴"，语出唐代王绩《古意》诗之三："丰骨输庙堂，鲜腴藉笾簋。"明代李东阳《捕鱼图歌》："无家无业岂足论，但愿四海赤子同鲜腴。"清代徐珂《清稗类钞·饮食·陆二娄尝西施舌羹》："西施舌为闽产，以之为羹，甚鲜腴。"

⑤ 知道"辟邪"吗？文章为什么要写"辟邪"那段文字？

教师可提醒学生去检索"辟邪"一词，与同学展开讨论，得出自己的结论。

⑥ "这种菌子炒熟了也还是浅绿色的，格调比牛肝菌高"中的"格调"一般用来写什么，为什么用这个词写"青头菌"？

⑦ 写缅桂花那一段的结尾处说"带着雨珠的缅桂花使我的心软软的，不是怀人，不是思乡"，那是什么，为什么心会软软的？

教师可提示学生关注这盆花与作者的关系，启发学生思考。

⑧"把草茎松毛择净,撕成蟹腿肉粗细的丝,和青辣椒同炒,入口便会使你张目结舌:这东西这么好吃?!""张目结舌"的意思是什么,用在这里合适吗?"?"与"!"去掉一个行吗?文中类似的标点使用还有哪些?你能说说其中的奥妙吗?

关于标点符号,教师可以提醒学生回忆标点符号的相关知识,启发学生思考。

⑨本文为什么要从一张画写起,为什么说那张画是"写实"的,而昆明"草木的枝叶里的水分都到了饱和状态,显示出过分的、近于夸张的旺盛"?

教师可以向学生提供下面这些资料,启发学生思考。

孙郁说:"他用自己的画面要证明的是,好的散文不像散文,好的小说也不该像小说。智巧的东西才是作家要留意的存在,我们的一些写家似乎不注意这些了。尤其那些相信外在理念的人,把文字搞得狰狞无味,在他眼里是殊无价值的垃圾。文学要有清静之地,他觉得自己要找寻的就是这个吧。所以文章之道不是个伦理的问题,而是趣味的问题,非社会的传声筒,而是自己的个体的智慧的延伸,别的低语都没有太多的意思。自己向着自己的空间展开,与神秘中的那个存在对话才是真的。汪曾祺注意的就是与自己的对话。"(《走不出的门·汪曾祺散记》)

⑩课后阅读作者《故乡的食物》《翠湖心影》《我的家乡》等篇目,细细品读,体会作者散文的独特韵味。在班级读书分享会上与同学分享自己的感受。

教师可要求学生将作者的散文集《人间草木》《不过一碗人间烟火》找来读读,不一定局限于《故乡的食物》《翠湖心影》《我的家乡》等篇目。

教师可以就群文阅读是怎么回事、学生可以怎么读做一个简单的介绍。

群文阅读是围绕一个议题(譬如"汪曾祺的散文,往往拾取生活中的琐细事物,娓娓道来,如话家常,平淡自然,却饶有趣味"这一议题)选择一组(同一作者或不同作者)相关联的或者相同类型的文章,必要的时候还可以引入相关的图文、音频、视频以及书法绘画作品,围绕这一议题展开立体式的自主阅读,在阅读中形成并完善或者推翻自己的观点,进而提升自己的语言素养、思维素养、审美素养、文化素养的一种阅读实践活动。在这个实践活动中，我们需要有意识地从作者的人生经历、日常生活、价值取向及人生态度（可以看看汪曾祺的《生活是很好玩的》）等方面的信息，包括他人对汪曾祺作品、为人处世的评价中走近作者，感受作者通过作品呈现出来的那些个性化的东西，以及它给自己带来的某些启发与思考。进而慢慢地实现课程标准提出的"语言积累与建构"等12个语文学科学习的目标。

《有效教学设计：帮助每个学生都获得成功》（第四版）中谈到一个策略，"选择性教学干预"。教学在某种程度上说，就是一种干预——对学习目标的干预，对学习方法的干预……"选择性教学干预"，我的理解是，对不同个体与不同情形的不同干预。更是对教学预设（设计）的调整，这种调整未必面对所有学生，却是从人的差异性出发，而不是从教师立场出发。或许这种选择性对多数学生而言是不合适的，甚至是有害的，却是从需要出发的。教学，固然要面向全体，更应该尊重差异，给需要帮助的学生以及时的帮助。"当你认为所选择的策略对一个或一些学生有益时，要确定它们是否实际上对许多学生有益。"

中国台湾学者汉宝德在《设计型思考》中说："人文性计划中，主事者必须有一种觉悟，在遇到问题时不轻易下结论。再大再急的问题都要经过思索与判断，不能以常例为之或径行放弃，事情都可能有意想不到的解决方案，出乎你的意料之外。"教师劳动在一定意义上讲就是创造性劳动，教学设计的过程就是创造的过程。约翰·斯宾塞说："创造没有捷径。如果你真的很在意某个项目，你会将身心全部投入其中。你将极大地耗费精力、感情甚至还有体力，尽管知道很有可能失败。你的产品可能不会如你所愿，也可能不能令受众满意，甚至还可能被嫌弃。""另外，这一过程中也没有任何蓝图，因为你在一路走一路创造。你的想法越具创造性，你对能否成功就越没有把握。即便你有了完备的计划，但就在你创造之旅开始时，问题就接踵而至，而且会很棘手。的确，创造性工作有可能是你做过的最难的事。""所以，我们可以说，创造并非易事，也并非一朝一夕之事。创造之旅不可能尽善尽美，它会让你心力交瘁。你需要奋力拼搏并持之以恒。那么我们又为什么要这么做呢？答案其实很简单，那就是我们是人，而人类从未停止创造。我们具有与生俱来的创造力，并且总会在创造之时焕发活力。"我想说的是，作为专业的语文教师，我们必须将每一个教学设计、每一堂课视为一次机会、一个尝试。如此，才可能满怀激情，面对挑战，收获创意。

我的这个设计与我这些年来给一些学校做教学指导时提出来的"目标导向、任务驱动、尊重差异、当堂进阶"的教学主张（或者说教学理念）是一致的。

将设计贯穿于课前、课中、课后

几十年来，为什么总觉得改来改去并没有达到人们的期待。就如前文所言，这些年我们的教学研究近乎走火入魔，总想独树一帜，创立门派，急于见效，很少愿意在教学设计上动脑筋。

备课跟设计，究竟有什么区别？备课本往往是学校统一印制的，一般来讲，备课本上设置了教学目标、重点难点、教学过程、教学小结、课后作业等栏目，备课时将这些栏目填满就是，这其实是我们平常讲的写教案，或者写课时计划，是以课时为单位。设计就不一样了，以教学目标的设定为例，至少要从学科、课程、教材编写角度、教材本身、学生以及老师的角度来思考。这就是系统化，当然只是一章一节甚至是一个单元、一篇课文、几个板块之间的系统化。无论是建筑设计还是教学设计，总是在系统化思维的指导下，进行系统化设计。房屋设计，不同的房间要根据不同的使用功能提出不同的设计要求，最佳的设计，除了美观，更要考虑方便居住与使用，教学设计也是如此。现在建筑设计和教学设计的通病是过度追求外观的形式，忽视了以人为本。

关于初中语文学科的特质、地位以及课程目标等，2022版《义务教育语文课程标准》中有这样一些陈述："语言文字是最重要的交际工具和信息载体，是人类文化的重要组成部分。""工具性与人文性的统一，是语文课程的基本特点。语文课程应引导学生热爱国家通用语言文字，在真实的语言运用情境中，通过积极的语言实践，积累语言经验，体会语言文字的特点和运用规律，培养语言文字运用能力。"因而"语文课程致力于全体学生核心素养的形成发展，为学生学好其他课程打下基础；为学生形成正确世界观、人生观、价值观，形成良好个性和健全人格打下基础，为培养学生求真创新的精神、实践能力和合作交流能力，促进德智体美劳全面发展及学生的终身发展打下基础。"

《变色龙》这篇课文，我在20世纪80年代初教初中语文时，就教过几次，也为这篇课文的教学设计费过不少脑筋，但总觉得，如果从学科、课程、教材编写角度、教材本身、学生以及老师的角度来推敲的话，真的还有不少需要改善的地方。2015年有个刊物向我要一个教学设计，我再一次选择了《变色龙》这篇课文。我的设计用的是苏教版教材。苏教版将它放在八年级下册第四单元"小说之林"中。教材编写者在单元导语中有这样的表述："阅读本单元的小说，你可以更好地认识社会，品味生活，感悟人生。""小说的表现力极强。三言两语，便能写活一个人物，短短几百字，便能折射一个时代。"同时，教材编写者将这篇课文定位为阅读课文而不是精读课文，课文后面的"探究·练习"有这样几条：

"一、《变色龙》既写了人物的"变"，也反映出人物的"不变"。奥楚蔑洛夫是怎样随案情的变化而"变色"的？在他的"变色"背后"不变"的又是什么？你能运用这种"'变'中见'不变'"的方法，分析学过的小说中的人物吗？

二、课文除了刻画奥楚蔑洛夫的语言、动作、神态和心理外，还写了他的外貌。你认为写外貌时突出一件始终伴随他的军大衣的细节有什么作用？你能联系周围的一个人物，用几句话通过一个细节刻画他的性格吗？

三、请你比较下面各组中的两句话，思考问题。

1. {A. 这是谁家的狗？
   B. 这到底是谁家的狗？

B句比A句多了一点什么意思？

2. {A. 这好像是席加洛夫将军家的狗。
   B. 不过也说不定就是将军家的狗。

两句的意思有什么差别？

3. $\begin{cases} A.\ 哎呀，天！我还不知道呢！ \\ B.\ 哎呀，天！……可我还不知道呢！ \end{cases}$

两句的表意侧重点有什么细微的差别？

四、分角色朗读课文。"

另外，课文第一页下面有这样两个注释：

"①选自《契诃夫短篇小说选》（人民文学出版社 2002 年版）。变色龙，蜥蜴的一种，皮肤的颜色随着四周物体颜色的不同而改变；比喻在政治上善于变化和伪装的人。契诃夫（1860—1904），俄国作家，代表作有小说《草原》《套中人》，戏剧《樱桃园》等。

②〔奥楚蔑洛夫〕俄语中这个词的本意是疯癫的，用它作姓，有讽刺的意味。"

我在反复重读课文和以上这些文字的基础上，考虑了这样的教学设计思路：

（1）直接导入：知道变色龙吗？说说看。

（2）阅读思考：浏览课文，看看小说情节是怎么围绕"变"展开的。

（3）问题探究：警官奥楚蔑洛夫为什么会前前后后一"变"再"变"？假如你是警官奥楚蔑洛夫，你会不会同他一样？你觉得这篇小说写得最精彩的地方是哪里？

（4）组织讨论：你们觉得参考资料对奥楚蔑洛夫的分析有道理吗？

（5）阅读《一个小公务员之死》。讨论警官奥楚蔑洛夫与小公务员有没有相同之处。

（6）布置课后作业：阅读《装在套子里的人》以及契诃夫的其他作品。思考：契诃夫笔下的小人物告诉了我们什么，对这类小人物应当如何看待？

教学设计，至少要从教与学两个方面出发，从教的需要出发，至少要考虑具体的学科特征、课程体系、教材内容、教的条件——环境和教师；从学出发，至少要考虑学生的现状、需要与可能，当然还要考虑学生的动力。

我上面这个设计有从"工具性与人文性的统一"的学科特点出发，比如（3）（4）；也有来自培养学生"具备包括阅读理解与表达交流在内的多方面的基本能力,以及运用现代技术搜集和处理信息的能力"课程目标,比如(5)(6);还有来自教材,比如(2)(3),紧扣单元要求与课文的"探究·练习",(4)(5)紧扣注释。当然也兼顾了我本人的一些考虑,比如(5),更多的着眼于学生的学。

虽然,我这个设计没有陈述教学目标,但从具体的教学设计中,还是可以看到每一个环节的出发点与归宿。

就具体的教学时间而言,是不可能将所有的内容一股脑儿抛售出去的,只能在有限的时间内同学生一起学习其中最为重要的东西,这就是所谓的教学重点,当然这重点也是要在熟悉学科特质、课程体系、教学资源,尤其是学生的实际情况的基础上确定,即便"非重点"的舍弃也当如此。任何一堂课,在具体的教与学中多多少少总会有些阻滞和障碍,这就是教学难点。教学重点、教学难点绝不能简单地从教学目标那里复制粘贴过来。它们是教师在教学的系统化设计过程中围绕教学目标遴选与确定的,是教师在权衡评估教与学的起点到终点的进程中可能会遭遇阻滞与障碍而设计出来的。从课程系统与教材编写者的意图来看,苏教版这个单元的教学重点是单元导语中的"认识社会,品味生活,感悟人生",教学难点是"探究·练习"中的"一、二、三";从学生的实际情况来看,教学难点则应该是"探究·练习"中的"三";从课程目标出发,教学难点则是我的设计中的环节(4)。

2016年上半年,接到一个任务,内蒙古有个培训,希望我去给教师上一堂公开课,课题就是《变色龙》。但这篇课文,在人教版教材中是放在九年级下册第二单元,是一篇教读课文,教材是这样明确这个单元的教学目标的:"学习本单元,要在把握情节的前提下,着重欣赏人物形象,把握人物的性格特点,了解刻画人物性格的多种手法","课文提示"是"狗的主人究竟是谁?随着判断的不断变化,警官奥楚蔑洛夫的态度也在不断变化着。这篇讽刺小说在给我们带来笑声时也令我们深思,或许我们还能从现实中看到这种人的影子"。"研讨与练习"是这样的:

一、自然界中的变色龙随着周围环境的变化而不断变色,是出于生存的本能,而奥楚蔑洛夫几次变色又是为了什么?作者通过他的言行揭示了一种怎样的社会现象?

二、奥楚蔑洛夫为什么能给人留下深刻的印象,乃至成为某类人物的代名词?体会讽刺小说的这种写法及其作用。

三、依据课文内容画漫画或制作电脑动画,也可以编演一出话剧小品。

课文第一页下面的注释与苏教版大致一样。

可见,无论是苏教版,还是人教版,教材对奥楚蔑洛夫的定位是一以贯之的,他就是个"寡廉鲜耻,欺下媚上,专横霸道,见风使舵"的"变色龙"。不同的是,一个是八年级的自读课文,一个是九年级的教读课文。显然,照搬之前的设计是不行的,必须重新设计。

我这次是这样设计的:

课前布置学生结合"课文提示"及"研讨与练习"的"一、二"反复阅读课文。

(1)导入:多媒体呈现几张变色龙的图片,要求学生说说它们为什么会变色。

(2)揭示课题。

(3)阅读分享:呈现四张与课文有关的漫画,要求学生选择其中的一张分享一下相关的情节,并说说你从这个情节中看出奥楚蔑洛夫是怎样的一个人。

(4)问题讨论:课文中有哪些细节值得回味,为什么?为什么会将变色龙与奥楚蔑洛夫联系在一起?

(5)问题探究:有人说:"《变色龙》写作于1884年,当时的俄国沙皇亚历山大三世,为了强化反动统治,豢养了一批欺下媚上的走狗,为其镇压人民服务。他也制定了一些掩人耳目的法令,给残暴的专制主义蒙上了一层面纱。沙皇专制警察往往打着遵守法令的官腔,干着趋炎附势、欺下媚上的勾当。《变色龙》反映的正是这一现实。"你怎么看?(为了帮助学生探究,给他们提供一下资料链接:作者契诃夫的人生态度"不以暴力抗恶,道德的自我完善",其作品"关注小人物的不幸与悲惨生活",行文"朴素、自然、冷峻、简洁、凝练")

(6)速读《装在套子里的人》《一个小公务员之死》。思考:契诃夫笔下的小人物告诉了我们什么，如何看待这类小人物？

这个设计，同样从学科、课程、教材编写角度、教材本身、学生以及教师角度出发，但更多考虑的是精读。我将一个重要的目标定位在批判性思维的引导上，以期通过批判性思考，实现"培养语感，发展思维，初步掌握学习语文的基本方法，养成良好的学习习惯"的课程目标，让学生在体验中认识到"对语文材料的感受和理解又往往是多元的"，学会以批判的精神看待教材，对待别人的解读。

课前的设计与实际的教学还是有一段距离的，何况还是借班上课，而且实际的教学是在一个师生相当陌生的环境中进行，作为设计者，难免有些惶恐，担心如何在最短的时间内消除师生间的陌生感，尽快地进入教与学的实际状态又能达成帮助学生"学会以批判的精神看待教材，对待别人的解读"的教学目标，在我走进课堂的片刻，忽然想起了我那个U盘上有一个动画短片《人性》，这是一部荣获了世界102个奖项的寓意深刻的动画短片。于是将这个动画短片播放了一下。故事情节是这样的，片中主人翁的各种用具都是人承担的，举灯的是人，充当桌子、凳子、衣服架子、出租车、红绿灯、电梯、存储柜等的都是人，最后是主人公自己充当了别人进门的鞋垫子。

上课时间到了，我说刚刚看的是一部荣获了世界102个奖项的《人性》，现在不讨论。先来相互认识一下，我指着黑板上凌宗伟三个字说，我叫凌宗伟，为了方便交流，我想请学生将桌上的那张A4纸做成一个桌牌，写上自己的名字，以便我能喊出你们每一个人的名字（我在很多地方借班上课，都会借用这个从黄欣雯女士那里学来的沟通方法）。这个设计的目的，就是套近乎，当然也可以在学生的制作中看到学生的一些状况，以便我及时调整已有的设计。1分钟过去了，全班只有李宏碁做得比较标准，于是我让他给全班同学展示了一下，并请他说了说他是怎么想到这样做的。李宏碁说这是生活常识。下面有同学轻声说是三角形的稳定性原理。李宏碁同学以及下面同学的回答正是我这个设计需要达到的目的，学习要联系生活，学习要打通学科界限。于是我提醒学生：学习，许多时候要联系生活常识，也要综合运用自己所学到的知识，今天我们是不是也可以这样？

接着我说，今天我跟大家一起分享这一篇短篇小说，应该是一件很幸运的事情。来看演示文稿，这是什么？学生都说是变色龙。高浩同学说："变色龙这种动物会根据身边的环境判断有没有危险，然后改变自己的肤色来和旁边的环境融为一体以躲避危险。"许多同学都说："变色龙利用自己的保护色来保护自己。"

我接着说，今天我们要学的小说标题也叫变色龙，作者是俄国的契诃夫，他跟另外两个人号称世界短篇小说三大巨匠，请问另外两位巨匠是谁？学生都清楚另外两位巨匠是莫泊桑和欧·亨利。于是我判断自己设计的教学目标在今天的课堂上是有可能达成的。

接下来的进程比较流畅，基本上按照课前的设计走下去。

但是，在讨论细节描写的时候，高伯仑同学说，除了军大衣与手指这两处细节，课文中还有人群里的两处细节，一处是："'这好像是席加洛夫将军家的狗。'人群中有人说。"一处是："'没错儿，将军家的！'人群里有人说。"这说明围观的人群也很关注这个狗的主人是谁。实话说，我在研究课文时尽管也关注了这两处，但在设计时并没有将它放进去，高伯仑同学这一说，立马提醒我将它放进来。在后面探究如何看待奥楚蔑洛夫的"变"与"不变"时，就用上了它。来看下面的课堂实录：

老师：我问的是，为什么将变色龙和奥楚蔑洛夫联系在一起，这是一种什么方法？

学生（齐声）：借物喻人的方法。

老师：借物喻人要有关联性和相似点，这个关联性在哪里？相似点是什么？

刘天浩：善变。

老师：是的。随着狗的主人的变化，奥楚蔑洛夫的态度也在不断地变化。刚刚高伯仑同学还发现围观的人群中也有人关注这狗的主人。如果我们也是围观人群中的一员，是不是也会有这样的关注呢？如果我们是奥楚蔑洛夫，怎么处置这条狗呢？如果这狗是你们班主任家的或者校长家的，你们怎么处置？

李琛：应该跟奥楚蔑洛夫一样。

老师：为什么？

李琛：现实生活就是这样。

老师：现实生活中的人大都这样？

李琛：对。

老师：现在，你们是否能说说《人性》这个动画短片告诉了我们什么？

刘天浩：我感觉应该是，当别人以你为首的时候，你或许也在以他人为首，当你在这里奴役别人的时候，要想想自己也曾被人奴役的时候。

老师：很好。刘天浩同学的意思是，当我们身处高位的时候往往会忘乎所以，但我们要明白，当自己在奴役别人的时候，你也可能正受着另一个人的奴役，人性大都如此。换了我们身处其中也会像奥楚蔑洛夫一样处置这样的事情。想跟大家讲的是，在许多时候不要过高地要求别人，给别人贴上一个什么标签。前面有同学在介绍契诃夫的《凡卡》时说，契诃夫写的大多是这样一些小人物。现在我们翻一下讲义，《装在套子里的人》和《一个小公务员之死》，很快地翻一下。看看《装在套子里的人》写了一件什么事，《一个小公务员之死》写了一件什么事。用自己的语言简短地把情节复述出来。一下子看那么多文章，要学会速读。在今天这个知识爆炸的时代，每天都会有大量的新的信息出来，要学会在大量的信息中迅速地汲取最主要的和最关心的那些信息。时间关系，不一定两篇都看。

王晓东：《装在套子里的人》写的是别利科夫因为当时社会的原因，所以掩饰和包装自己，使自己成为了一个苟且偷生的人，并使之成为习惯，最后戏剧性地死了。

老师：很好。为什么你用"戏剧性地死了"这个描述。

王晓东：他的文字"冷峻"，同时他还是戏剧家。

老师：别利科夫要把自己裹在套子里。

王晓东：他担心闹出乱子。

老师：闹出乱子来，说不定就会伤害了自己？你真厉害。

赵威：《一个小公务员之死》讲的是一个将军身边的小公务员，看戏的时候，不小心打了一个喷嚏，他认为自己的唾沫星子喷到将军身上了，很怕将军生他的气，就一直在道歉，最终自己吓死了自己。

老师：很好！《装在套子里的人》《一个小公务员之死》，以及我们今天读的《变色龙》的主人公都是契诃夫笔下的小人物的生命状态。今天我们身边的小人物多不多？

学生齐：多。

老师：你们是大人物还是小人物？

学生齐：小人物。

老师：我们都是小人物。在对待奥楚蔑洛夫的态度上，我们除了认为他是"见风使舵，伪善欺下"的伪君子，应该不应该有一点别的想法？《装在套子里的人》《一个小公务员之死》《变色龙》的主人公有一个共同点，他们都是社会底层人物，为了生存，他们的选择也是一种无奈。我们不能总是用一种居高临下的道德标杆要求这些小人物。设身处地，或许我们还会有其他的一些认识。

这堂课上下来，我又想：是不是还可以有另外的设计，比如让学生在熟悉课文内容的基础上排练课本剧，在表演和观看以后谈谈各自的认识，或者让学生观看现成的课本剧视频，再来研究和讨论相关问题。专业化的教学，是要将设计贯穿在课前、课中、课后，乃至整个教学生涯，甚至终其一生。

这堂课结束后，我将它的教学目标做了如下表述：观看动画短片《人性》（情境），结合课文中围观者的表现分析（行动），透视奥楚蔑洛夫的行为表现（限制），联系现实生活（行为表现或内容）理解作者的本意（对象）。

这样的教学目标陈述能让学生一看就明白用什么、干什么、干到什么程度。同时可以随时对照目标反馈自己的学习进度及下一步努力的目标。

下编
课堂是师生共同生长的天地

做教师的都明白,教学设计再周全,可是与实际的课堂还是有一段漫长的距离。任何教学一定是在具体的情境中展开。这具体的教学情境(用加涅的话来表述,就是具体的教学事件)是指特定的教学场景与教学环境,当然,不排除师生的情绪与心境,更不排除与教学内容相关的背景资料、实际的教学资源。教学就是在这"具体的教学情形,特定的教学场景与教学环境"中的一系列具体活动。这些活动尽管可以预设,但预设终究与实际有距离,从设计到教学需要的不仅是科学,还有艺术。本编主要从作者自己的课堂教学实践与观察视角出发具体讨论由设计走向教学的一些具体问题。

语文学科同其他学科一样是一门实践性课程

2020年暑假，一位朋友看到我给那些即将进入三年级的孩子根据我呈现的随手拍的短视频现场写的一些片段描写，说："牛啊，随手拈来就是教学资源。现场生成课程。这份功底，我教书也十几年了，愣没学会。"我同他说，孩子没话说的原因是自顾自，不关注周围的状况，一旦我们让他们注意了这些，情况就不一样了。当然文科与理科是有区别的，信手拈来，文科方便一些，理科则不然，相比较而言，理科可以预设，语文则要避免拘于预设。尤其是在指导他们说与写的时候，一定要将他们置于自己熟悉的情境中，而不是人为地为他们设置一个情境。马克斯·范梅南在《实践现象学：现象学研究与写作中意义给予的方法》中说，"生活经验"始终是一个方法论概念。我以为这个论断对我们很好地理解约翰·杜威的"教育即生活"做了很好的诠释，同时也为我们正确地理解情境与教学提供了一种思想方法。

"现象学追问：'我们亲历的，或者被给予到我们经验、意识当中的某个具体经验的本质、意义、含义、特殊性或独一性是什么？'""这个经验如何将自身呈现为独特的现象或事件？"如果我们能够从现象学的视角去思考与把握，那么任何一个平常的经验都可以转化为教学资源，试想这些都是孩子的亲身经验，而且是当下或者最近的经验，他们会无话可说、无文可写吗？

说与听、读与写的指导想要达到目的，有效的路径之一是引导学生回到事情（事件）本身，如同亲历经验一般（即详尽的回忆，再现经验），邀请他们"像第一次遇见一般，去看待它们"，怎么会无话可说呢？马克斯·范梅南指出"现象学的价值在于，它将人类如何经验世界放在首位"。这就是我不主张文科教学，尤其是语文教学过分重视设置情境的原因。

讨论情境教学，还是要读读马克斯·范梅南的《教学机智——教育智慧的意蕴》，谈现象教学的也要读读她的《实践想象学：现象学研究与写作中意义给予的方法》，否则难免陷入盲人摸象或者自说自话的境地。

语文的可能性不仅在课堂，也不单在辅导，还在教学管理，更在良好的家校互动与合作。作者在这本书里记录了不少貌似与语文教学无关的细节，透过这些细节，或许我们可以明白这样的道理，就语文教学寻找语文的可能，空间是有限的，甚至是狭隘的，语文或者说教学的可能在一个更为广袤的天空，诚如《医学教师必读：实用教学指导》一书中提到的戈夫托恩和雷格尔所言："我们的教学远远超过我们所知道的。我们所说的每一个字、我们所做的每一个动作、每一次我们选择沉默或不采取行动、每一个笑容、每一次责备、每一声叹息，都是隐性课程中的一堂课。"

语文是一门实践性很强的学科。从知识掌握的角度看，需要学生调动各种感官，眼、耳、手、脑并用，才能迅速有效地感知、把握和记忆学习内容。比如一个词，就需要学生自己去看，去分析字、词的结构方式，理解字、词的含义；需要学生去写、去记，以纳入他们的语言仓库；还需要去联想，去想象，以获得一种形象性的把握；还需要根据具体的情境，准确而富有创造地使用，以完成知识到技能的过渡。如果没有学生的"自动"，而只有教师填鸭式的灌输，将难以达到预期目的。从语文技能的形成角度看，更需要学生亲身参与语文学习的实践。学生思想认识的能力，语言文字的感知、理解、运用能力，以及对文章的审美鉴赏和创造力等各种能力的形成，不是教师系统、全面地讲授就能完成的。因此，叶圣陶先生在许多年前就提倡教学民主，他对传统的"先生主讲，学生主听"的灌输式教学，曾多次提出批评，他说："在一讲一听之间事情就完成了，像交付一件东西那么便当，我交给你了，你收到了，东西就在你手里了。"至于这件东西质量如何，是否赝品，能否适用，则无人顾及；而接受者既无鉴别、验收的权力，又无质疑、交换的自由。久而久之，所谓"老师绝对正确""书本绝对正确"便形成无形的绳索，束缚着学生生动、活泼的思维，特别是创造性思维，阻碍着学生创造力的发展，压抑着学生潜在的创造精神和求知欲望。

课程标准明确要求，教师应转换角色，竭力营造和谐、民主、平等的课堂氛围以激发学生的学习兴趣，培养学生的个性发展与创新精神。为此，我们需要构建高效自主充满创造活力的新型语文课堂。所谓富有创造活力的语文课堂，在我看来就是让全体学生自主参与、主动表现，师生的感情、心灵互动共鸣，让学生不仅掌握语言的基本知识和技能，而且获得认知水平和运用能力的提高，感受到成长的喜悦、探究的乐趣。

有一回，看到一位教师执教人教版高中《语文》必修上册第一单元的学写诗歌，发现教师对新课程标准、新教材似乎关注不够。这个任务的关键词是"青春"，写作形式是诗歌。为什么教学中根本不谈审美表达呢？我提出这个疑问，他们不理解。我于是建议他们去看看新课程标准与新教材。

理解教学必须理解课程标准、教材，当然还有学生，更要理解这几个方面的关系。那么多学生想到的物象首先是校服，说明校服作为学生青春服饰的意义，但学生身上的校服有美感吗，可不可以讨论一下？高中语文课程标准提出的四个核心素养就有"审美鉴赏与创造"的要求，具体表述是这样的："审美鉴赏与创造是指学生在语文学习中，通过审美体验、评价等活动形成正确的审美意识、健康向上的审美情趣与鉴赏品位，并在此过程中逐步掌握表现美、创造美的方法。"单元导语也明确要求："学习从语言、形象、情感等不同角度欣赏作品，获得审美体验；尝试写作诗歌。"诗歌之美美在准确传神，美在简约深刻，美在音韵及节律。尽管这个单元的主旨是"青春"，写作的点是物象，但审美表达是课程的要求。所以我们在设计教学目标的时候，除了扣住诗歌的三个特点以外，一个重要的目标就是提升学生的审美能力。当教师布置学生分组讨论有哪些物象可以反映"青春"的时候，不少学生都想到了校服，为什么会想到校服？因为校服是学生标志性的服饰。因此，我们在帮助学生理解这个物象的时候，就很有必要花时间来探讨这个物象的象征意义。在教学思路上，帮助学生寻找物象，并通过这些物象构建及表情达意是教学的重点。一般而言，第一步帮助学生回忆所学诗歌的物象及其表达的意义，进而理解诗歌表达的特点，明确本课的学习任务，而教师的教学智慧或者教学能力，主要是在学生提出了这些物象以后如何引导学生去思考如何通过这些物象去表情达意。在教学策略上无非是通过自主建构，分组讨论，交流分享，教师指导（提示、提问、建议），组织学生展示交流，评价反馈，修改完善。但是在教学中，教师没有意识到这是一个很好的教学契机。

类似这样的契机教师要及时抓住，可以组织学生当堂讨论，让他们将意识到的那些想法说出来。

那么，这里又出现了另外一个问题，即小组讨论需要讨论什么？显然，小组讨论一定要讨论有价值的问题。讨论校服作为"青春"的物象就是有价值的。这是因为它是青少年学生的标志性服饰，服饰背后还有审美取向，更重要的是，鼓励学生展开讨论，是一种思维训练，只有讨论清楚校服作为物象的表达意义，才有可能写出美妙的诗句来。语文教学的一个基本任务就是训练学生的思维，当然，语文学科思维的训练跟理科思维的训练是有区别的，前者更多地是强调形象思维，后者更多地是注重逻辑思维，但逻辑思维在语文学科里也有相当重要的位置。所以，对思辨的训练、对逻辑思维的训练，也是语文教育的基本任务，作为语文教师，不应当将它们放弃。

谈到思维训练，又有一个问题必须引起同行的思考。我们在许多时候总是习惯将文科思维与理科思维对立起来，其实，无论是文科思维还是理科思维，在研究问题时，都应该以事实为依据，以逻辑为工具观察与推论，致力于接近事实或者事物的本质。无论文科理科，它们的主要推理形式不外乎归纳与演绎。如果要谈文科思维，恐怕更多地表现在说理时喜欢运用比喻与类比，但理科教师在教学时，也一样会用到比喻与类比。我不否认文学、艺术的创作与欣赏在许多时候有赖于形象思维，但如果我们将语文纳入社会科学范畴的话，就要明白社会学研究同样需要具备想象力，C·赖特·米尔斯在《社会学的想象力》中说："具备社会学的想象力的人，就更有能力在理解更大的历史景观时，思考它对于形形色色的个体的内在生命与外在生涯的意义。""社会学的想象力使我们有能力把握历史，把握人生，也把握这两者在社会当中的关联。""任何社会研究，如果没有回到有关人生、历史以及两者在社会中的相互关联的问题，都不算完成了智识探索的旅程。""他们通过冷静的反思和敏锐的感受，认识到了社会科学的文化意义。""在运用社会学的想象力时，最富收益的区分或许就是'源于周遭情境的个人困扰'与'关乎社会结构的公共议题'。"而要达到这样的境界，则离不开理性。"理性在世间人事里的角色、自由个体作为理性载体的观念，正是二十世纪社会科学家从启蒙运动哲人那里继承下来的最重要的主题。"

阅读教学还是要回到作为教材的文本本身

阅读教学还是要回到文本本身，回到作为教材的文本本身（作为教材的文本是达成课程标准要求的媒介，在具体如何学、如何教上有助学系统的提示）。教材解读为的是从语境与常识入手，审视文本内在的逻辑结构，文本本身表达的意蕴及主旨，这也是阅读教学指导的本质所在。回到作为教材的文本本身，通过对文本的遣词造句、呈现的事实、表达的主张，以及谋篇布局的推敲、梳理，带领学生走进文本，联系作者的人生际遇、写作背景引导学生讨论作者的写作意图，进而更好地理解文本的主旨，激发阅读兴趣，从中获得某种启发。互联网生态下的资源非常丰富，旁征博引已经不是一件困难的事情，但引什么、征什么，做教师的必须反复权衡，要拓展延伸的话，还是要从文本本身出发，立足于帮助学生更好地理解文本，再"博"也属于"旁"，而不属于所读的这个文本。

我的基本观点是，"文本解读要尊重文本事实，尊重文本的内在逻辑"。我认为阅读整本书记住这一句话足矣！某教师的诗歌鉴赏指导课试图指导学生从一般意义的诗歌鉴赏套路中走出来，尝试以孙绍振教授的"矛盾还原法"来鉴赏古诗词。这从约翰·杜威的观点来看未尝不是一种办法。约翰·杜威强调在欣赏艺术作品时不要"拘泥于旧惯例"，要尽力避免"情感刺激的混乱"。他在反思的时候还说，要指导学生揣摩命题者的意图。我在点评时说，"矛盾还原法"只是一法，任何个体对某一作品的鉴赏都是从自己的生活情境出发，他的欣赏一定是与自己独特的观点和兴趣一致，当然从应试的角度来讲，自然也会受教师指导的套路的影响。然而，当我们强调用另一种方式去揣摩命题意图的时候，也就不经意间进入了另一个套路。某种程度上讲，命题者与应试者就是一对"天敌",他们的意图何以揣摩?所以,我还是主张回到文本,在文本的字里行间寻找作者的情意,所谓句不离篇、词不离句恐怕是我们指导学生阅读鉴赏的原则之一。当然,能够知人论世则更佳,问题是,试卷上的那个人,往往不是学生所熟悉的那个人。如何处理?马克辛·格林的这句话可能对我们这些语文教师有帮助:"无论如何我都要再次强调,也正是想象的能力使我们能够体验不同观点之间的共情,包括那些表面看来与我们背道而驰的立场。"条条大路通罗马,"矛盾还原法"也就是一法而已。

有一回,一位刚入学不久的研究生说她考研究生的动机是想解决某种困惑。她身边有一位学生的前一位语文教师可谓学识渊博,课堂上总能旁征博引,让学生充满语文学习的快乐,然而每逢考试他们班成绩总是垫底。家长不乐意,学校领导不满意,快高考了啊,于是在现实面前,学校给他们换了一位教学经验丰富,学生考试成绩极佳的语文教师,但语文课上得很死板。结果是,那位学生如愿以偿,高考语文考了将近120分,但他从此丧失了语文学习兴趣。她的困惑是,为什么课堂教学充满生机却考不好,而考得好的却让人丧失了学习兴趣,这当中是不是涉及教学内容处理的问题?

我认为,她其实已经在走近她想寻找的那个答案。从课程与教学的视角来看,无论我们采取什么样的教学策略与教学方法,都不能偏离课程目标,都要有达标意识,也不可以偏离课程的核心内容。这对一位刚刚入学不久的研究生来说,能从课程与教学的视角思考自己的困惑已经很不错了。于是我建议全场给她一点掌声,也鼓励她给自己一点掌声。

我还建议她从课程评价的视角想一想,如果换一种评价方式,这两位教师的教学效果又会是怎样的结果呢?这样慢慢地转换视角,或许通过几年的研究,她会找到更加合理的答案。

比如王小波的《一只特立独行的猪》,我过去没读过,2020年暑假翻了一下,我认为,说这是散文当然没错,但以我的眼光来看属于寓言故事,也算个性化阅读吧。文章说的是被安排的人生还不如猪。没有猪的浪漫,没有猪对自由的追求,没有猪对暴力的抗争,甚至连猪在逃离危险之后对外界的警惕都没有。所谓特立独行本应该是人,然而已经甘于或不甘于地被安排了,因而慢慢丧失了人性。作者使用的是讽喻手法：在一个什么都不正常的生态下，正常的反而显得不正常了，或者说，原本很正常的一只猪居然成了一只特立独行的猪。从某种程度上说，这只特立独行的猪，就是作者的化身，或者说，这就是一种托物寓人的写法。

　　文本解读也好，细读也罢，读的一定是那个具体的文本，阅读者尤其是备课者要做的是尽可能从文本中找到作者的本意。所谓知人论世，强调将文本与作者的写作动因联系起来。插队生活，能养猪实属不错的安排，能在对猪的观察中看到现实世界，看到人们的生活状态，实实在在是一件有趣的事，也是百无聊赖中的一种乐趣吧。作为一名插队知青，一帮人在一起插队的生活于我而言再熟悉不过。语文教学流行拓展性阅读，现在教群文阅读，拓展总要有联系吧？既然说是群文，总要有成为群的因素吧？我无论怎么也不会因这只"猪"想到杰克·伦敦的《荒野的呼唤》、普希金的《致大海》、穆旦的《苍蝇》《葬歌》《冥想》、毕淑敏的《我的五样》等。不过退一步想，今天有一种"串烧"，只要是食物，串在一起烧是常有的事，于是你也可以这么理解，只要是个文本就可以拓展，就可以成群。

　　毫无疑问，没有解读教材就不知道教什么，也就无所谓怎么教。但解读教材与文学批评的文本解读究竟是不是一回事？以文学阅读为例，用文学批评的阅读要求去要求教师阅读作为教材的文学作品，甚至要求中学生鉴赏文学作品，是不是已经超越了课程标准的要求？新的课程标准编制时就有要解决教材过偏、过难的要求。批评者一味地批评教师文本解读水准太低，降低了文本本身的水准。阅读教学固然必须解读文本，但解读与教学终究是两回事，解读得再到位，也未必可以推论教学就一定能到位。教学有教学的目标和任务，目标和任务的落实与文本解读有联系，这联系无非就是从中找到达成课程标准与教材要求的任务的教或者学的内容，当然也不排除在解读的基础上调整教与学的目标做任务，但无论教师的解读细到什么程度，都不应该也不可能都拿到课堂上去教，或者都要求学生去学。从教学过程的角度看，解读教材这个起点不可能也不应该逾越，必须认真对待。但从教学的准备环节看，解读教材不过是其中的一个环节而已，因此我认为，不可以过度夸大文本解读的功夫。

听、说、读、写的背后是思维、情感、态度及价值观

长期以来，人们谈及语文学科的价值，无非围绕着听、说、读、写能力的培育与提升。听、说、读、写的背后是什么，似乎谈得不多。这恐怕也是语文教学效益低下的原因之一。

另一方面我们又似乎都清楚语言是表达思想与情感的媒介，听、说、读、写的背后折射的是一个人的思想与情感，听、说、读、写的质量是靠个体的思维质量、认知水平以及情感态度与价值观来支撑的。限于篇幅，这里主要谈听、说、读、写与思维之间的关系，当然也不可能不涉及其他方面。美国当代著名语言学家史蒂芬·平克说："人类是语言动物，是一种以词语为生的物种，所以，如何使用语言，如何理解语义必然是人类思考、分享和辩论的主要话题之一。""思想、情感以及那些构成人类本性的、透过语言方可清晰看到的其他东西。"（《思想本质：语言是洞察人类天性之窗》）为什么不少人听不清别人的言辞，读不懂具体的文字，为什么不少人说不清楚，写不明白？说白了就是抓不住要领，弄不清观点，思想模糊，思路不清。

为什么语文教学必须重视提升学生的思维品质？

史蒂芬·平克认为"语言不是思维的唯一方式"，但"语言从嘴里说出，或被写在纸上，他人能够随意倾听和阅读，而我们的思想却深居于头脑之中。要知道他人心中所想，或与别人一起探讨思维本质，我们就必须使用语言，除此之外别无他途"。（《语言本能：人类语言进化的奥秘》）维果茨基有言："思维和语言在某种程度上用不同于知觉的方式反映现实，两者是开启人类意识本质的钥匙。言语不仅在思维的发展中起着主要作用，而且在整个意识的

历史成长中也起着主要的作用。言语是人类意识的缩影。"(《思维与语言》)语文教学(无论是阅读教学,还是写作教学),既然指向听、说、读、写能力的培育与提升,那就必须认识到听、说、读、写能力提升的背后是思维能力的提升,语文教学的一个重要功能(或者说价值取向)是培养学生的思维。

中小学语文教学一直以来受人诟病,原因其实不在诟病者,而在我们这些语文教师,因为我们自己没有搞清楚语文的课程性质与教学价值。

语文课程为什么必须重视思维的培育与提升?中共中央办公厅、国务院办公厅印发《关于深化教育体制机制改革的意见》指出,教育要"在培养学生基础知识和基本技能的过程中,强化学生关键能力培养"——培养认知能力、合作能力、创新能力、职业能力。在培养认知能力时,要"引导学生具备独立思考、逻辑推理、信息加工、学会学习、语言表达和文字写作的素养,养成终身学习的意识和能力"。这当中,关键就是思维能力。布鲁姆将人的认知教育目标按照由简单到复杂,由低级到高级的顺序分成六个层面,见下图:

每一个层面牵扯的问题的关键是思维。

雅斯贝尔斯在《什么是教育》中认为:教育,为的是"通过语言传承而成为人",这样的主张用来说明语文教育的价值,恐怕比较合适。"要成为人,须靠语言的传承方能达到,因为精神遗产只有通过语言才能传给我们。""学习语言可以在无形中扩大个人的精神财富"因为"语言替我而思"。所以我主张把教学活动的注意力和重心放在对学生生命成长的关注上,语文课上,师生的注意力要集中在关注语言现象背后的认知活动和情感活动。《普通高中语文课程标准》(2017年版2020年修订)在谈及语文课程的性质时也这样表述。

这些年，我一直认为阅读教学是围绕文本展开的生动活泼的生命性的对话，作文训练重在思路的拓展，尤其在素材的遴选与使用的思考上，语文学习的过程是师生生命体验感悟的内在过程，而不是外在的、名目众多而枯燥烦琐的习题化练习，不是概念化的文本解析，当然更不是所谓的阅读技巧、写作技巧与解题技巧的训练。关于这样的认识我在拙作《有趣的语文——一个语文教师的"另类"行走》以及拙文《教育价值应成为学科教学的追求和旨归》《语文学科价值之我见》中有较为具体的阐述，这里就不赘述了。

今天不少的语文课堂看起来热闹，实质对学生不仅毫无助益，甚至还是误导。不少阅读课热衷于倾盆大雨式的拓展，作文指导课拘泥于技法。好比"炒腊肉"，主料本应该是腊肉，结果配料远远超过了主料。我们总以为拾到篮子里的就是菜，导致很少去审视拓展延伸的那些材料跟今天所教的这一篇课文之间究竟有多大的关系，尤其是很少去审视这些引入的资源跟这堂课、这篇课文、这个单元的课文、这本书的教学目标之间究竟有着怎样的关系，自然更不会去思考它们与发展学生的思维究竟有多大的关系。"语言植根于个体的发展进程中，同时也伴随着语言社团的历史发展以及人类物种的进化"(史蒂芬·平克《思想本质：语言是洞察人类天性之窗》)，作为同一学科的教师，平时对这些问题的关注、提醒与相互切磋也不够。我们几乎没有意识到生活在同一所学校、同一间教室的师生其实就是大小不一的"语言社团"，这些"语言社团"的生态就像一只无形的手，掌控着每一个个体的思考与表达。语文教师顾左右而言他，支离破碎，不讲逻辑，学生如何能够观点明确，思路清晰？

语文教学如何实现思维的发展与提升？

思维的培育与训练，除了为学生打开思路，更重要的是让学生能够对所见、所听、所言始终保持一种怀疑的态度，这就是我们所说的批判性思维。玛莎·纳斯鲍姆认为"苏格拉底——与柏拉图不同——他认为所有民众都有反省能力，或者至少拥有普通的理性思考能力的民众都可以进行反省"。

下面我以新课程标准前的人教版必修(3)《多思善想：学习选取立论的

角度》的教学为例来具体谈谈我是如何在课堂教学中引导与培育学生的思维的。研读教材不难发现，教材的要求是要让学生学会在同一个材料面前用不同的角度思考，在从不同视角的审视中寻找出一个合适的角度去立论，并在这个过程中培养学生正确的学习态度和方法，形成良好的思维品质。同一样物件、同一桩事情、同一个问题，不同的个体，因为自身的知识储备、经验积累、人生阅历，乃至遗传因素、家庭背景及其环境的不一样，必然会有不同的认知，甚至在不同的年龄阶段和不同的环境里都会有不同的见解。我们这些教师能做的是在特定的时间与空间里调动他们各自的知识储备、经验积累、人生阅历等因素，在他们需要的时候为他们搭建相应的支架。这个内容我分别在大连某校的高二与重庆某校的高一上过，大连只给了我一个课时，重庆给了我两个课时。两次不同教学对象的教学，进一步提醒我，教学目标、教学设计、教学策略与教学方法应该是不一样的，教学效果自然也不一样。这些也不是本文的主旨所在，所以就不展开了。需要说明的是，我一直认为作文指导排两个课时是有道理的，大连的一个课时带来的缺憾是，学生的思路打开了，讨论也渐入佳境了，下课了。必须引导的问题没有时间展开，学生认知方面的问题没能得到教师给予的引导，有可能给他们以后的认知带来难以弥补的缺憾。这，再一次让我认识到教学之难、教育之难。

　　因为每个人立场的形成受各种因素影响，在特定情况下，某种因素占了优势的话，就会形成某种特定的观点，就好比前几年上海的"打伞门"中的主角之一的教师被处分，就有著名的特级教师为其撰文伸张正义，并由此大谈学生给教师打伞不仅没有"罪"，而且有"功"，因为学生给教师打伞是一种回报，是一种感恩。于是这样的文字获得无数赞同，赞同者考虑的大概是，不就是学生给教师打下伞吗，至于处分这个教师吗？其背后的原因，可能是兔死狐悲，我们也是教师，或者在某种语境下讲，那位美女教师做的类似的事情，我们其他教师身上或多或少都有，只不过那个教师被曝光了，而我们没有被曝光，万一将来一不小心也有类似的事情被曝光，我们也会遭遇处分……所以，当有人站出来"维护正义""主持公道"的时候，我们就觉得说得太对了，于是理性就给扔掉了。许多时候，我们看到的只是"事情"，而无视其背后的"事理"。对诸如此类的现象,奇普·希思和丹·希思在《瞬变:如何让你的世界变好一些》中用了一个骑大象的比喻:骑大象的人代表着理性,他对自己想往何处去有着自己的决定,而且,这一决定以分析为依据。他的结论合理,而且,他手头拥有一些数据来支持这些结论。大象却代表着情绪,骑大象的人也许企图在短时间内通过猛拉缰绳用理性来驱使大象,但很快,他的这种努力变得越来越艰难。到最后,大象只按照它自己的路线走,不再顺从骑大象的人。

今天还有一个问题我们不能不正视:网络会使有智慧的专家更有智慧,但网络也会使人们在以往错误的路径上更坚定地走下去。同样,无论我们有没有逃离原有的体制,如果缺乏自我审视和自我批判的意识,就有可能在错误的道路上越走越远。"身处每个人都可以出版的时代","没有人可以神化为某一领域的可靠专家"。网络化的专家意见更多的时候就像一个充满了观点、知识和权威的嘈杂的市场。专家的个人性质一旦转化为网络的性质,就有可能比某些聪明的成员要蠢,而且会变得更加固执己见,在愚蠢的道路上越走越远。

作为教师,重要的素养之一是要有自己的思考,否则就有可能"以其昏昏使人昭昭",不仅误人子弟,还将自己带进泥淖。

语文教学如何实施思维培育与训练?

在《多思善想:学习选取立论的角度》的教学设计中,我分别从观察与思考的位置、观察与思考的视角、观察与思考者的身份、观察与思考的情绪、观察与思考的态度等方面给学生呈现了一系列素材,供学生观察、讨论、分享,旨在帮助学生认识,一个人对一个具体问题的立场会因各种因素的影响而误导。所谓"立场正确",往往会将自己的认知带进泥淖,看待任何事物,都要努力换个位置、换个视角,防止被情绪左右,防止先入为主。这当中靠教师的灌输不行,关键在教师适时的引导,帮助学生得出合适的认知。

在实际的教学中,无论是高一,还是高二,我欣喜地看到,学生对其他同学乃至教师的表述,并不是盲从。他们会直截了当地指出:"老师,我对你的定义并不是很清楚。"

为帮助学生认识到观察要仔细、思维要缜密，我给学生呈现了三张"打伞"的图片让他们观察，这三张图片是这样的：一是，美国纽约皇后区的马路上，一对父子走在人行道上，父亲穿着衬衫、手提公文包，尽管全身湿透，右手的伞坚定地举在儿子头上，小男孩背着书包，迈着轻快的步伐，似乎并没有发现自己的父亲已经被雨水淋湿；一是，路人在珠海香洲总站某地下通道入口处拍到的，一位母亲在下雨天打着雨伞，竟没有遮到自己的儿子；一是，在伦敦街头，一位父亲很自然地把伞打在了自己头上，旁边蹦蹦跳跳的小女儿淋着雨，牵着父亲的手走在人行道上。从图片上看，地面湿了，看来雨并不小……我没有设置问题，只是让学生在观察比较中与大家分享自己的所见所思。

　　从学生读图的情况来看，共同的问题是，观察不仔细，只看表面，忽视细节。尽管学生也意识到除了整体观察，还得看细节，但事实上观察没有细到那个程度。

　　有一个高二学生知道第一张图片好像叫"中国的父子"，第三张图片虽然不知道叫什么，但好像是一对英国父女。第二张应该是一位母亲，自己打着伞，但她用手遮着孩子的头。从图片上看，他们的孩子都很快乐，带给人们的思考是，到底什么叫作真正的爱。第一张和第三张图片告诉我们，因为生活环境的不同、文化的差异，父亲对孩子的教育理念不一样。至于第二张图片，因为没有看清楚，就说不清楚了。不过，在我反复提醒大家观察要仔细后，终于有学生发现第二张图片中，在母亲旁边还有一个人，这位母亲是用自己的行动教育孩子要懂得照顾别人。

　　有一个高一学生看到：第一张图片中父亲给儿子打伞；第二张图片中母亲自己一个人打伞；第三张图片中，父亲好像不是自己打伞，而是旁边有把伞……经过我的提醒后，有学生说，看问题要先从整体上考虑，然后要有自己的理解和猜测，接着看局部，验证自己的猜测。也有学生说，应该客观地观察所有事物，不应该带着自己的观点，更不应该先入为主。慢慢地，有学生觉得这三张图片的背后是教育理念的偏差，第一张图片，父亲完全把伞给了孩子，他认为，孩子是最重要的，就算自己淋雨、自己生病，也不能让孩子受到一丁点的伤害,是一种溺爱的表现。第二张图片,母亲没有给孩子打伞,用自己的手为孩子挡了雨,说明她想让孩子有所成长,让孩子去面对一些困难,但也要给予他适当的保护,让他明白父母也是可以依靠的。第三张图片,父亲完全放手不管,让他自己成长,自己面对一切。

当然,如果我把这几张图片的来源与背景讲清楚,或许学生的观察与分析会一步到位。没有呈现背景资料就等于给学生设了一个思维陷阱,所以学生的讨论出现偏差就不足为奇了。实际的教学告诉我们,学生的思维、学生的观察能力是有潜力的。只要稍加引导,学生的思维、观察能力是完全可以由粗疏走向缜密的。

这样的设计跟我的教学理念有关。我认为,完美的课堂一定不是好课堂,有问题的课堂才是有价值的课堂。课堂上的时间进程与当时的情境往往不是我们所能完全预料与掌控的。所以当我提醒学生再看看,看看人物以外的环境时,他们终于发现了三张图片中有两张是发生在国外,一张发生在国内,两张图片中的主人公是中国人,一张图片中的主人公是外国人。这就明白了环境与文化对教育理念的影响。

在两堂不同教学对象的教学设计中,我都安排学生观看了短片《你选择哪道题目去做》,让学生在观看的基础上谈谈自己看到的、听到的以及自己的选择。听也是个技术,听跟读一样,要能准确地把握讲话人的用心、敏捷地捕捉到言辞背后隐含的东西,不是一件简单的事,我提醒学生在听的同时开动脑筋,努力从讲话人引述的材料、说话的内容与语气等方面弄明白这 5 分钟的演说围绕怎样的主旨展开,在听完以后,与大家分享罗振宇的演说,并做了如下归纳:

人可以吃人吗?

人民和国家是怎样的关系?

宽容与自由之间有何联系?

个人和集体、国家之间又是怎样的关系?

如何看待真理病患者?

究竟有没有真理?

真理究竟能否被辩驳？

……

高一的教学时间相对从容一点，学生在讨论的基础上，有时间从自己的视角出发用一段文字将自己选择的视角进行简单阐述。下面是两个同学的文字：

片段一：我认为没有真理。真理的定义瞬息万变，不同的时代有不同的真理。如古代的真理与"天地君亲师"有关，现代的真理与"民主和自由"有关。真理与时代观念的变化有着千丝万缕的联系，没有固定的真理，只是人类对所处环境的最高追求的不同。

片段二：我觉得，这个世界上不存在真理。对同一件事，每个人都有自己不同的看法和意见，这个世界没有一个统一的、每一个人都承认的、每一个人都认同的观点。我觉得，真理只是一个人的道理和看法。所以，真理可以去辩驳，大家可以把自己的看法提出来，然后互相去辩驳，提升自己的认识，理清自己的思路。像陈独秀，他为什么不允许别人辩驳他的真理，在我看来，就是他把自己的真理作为了自己的信仰，这是可以理解的。

在学生分享时，我提醒其他学生对分享可以进行自我评价，也可以进行他人评价。标准只有一条：言之成理。即是什么、为什么、怎么做有没有讲清楚。丁肇中先生讲："不管研究科学，研究人文学，或者在个人行动上，我们都要保留一个怀疑求真的态度，要靠实践来发现事物的真相。"

也许借班上课的原因，也许习惯的缘故，不曾有学生站出来评价，于是我让提供片段一的学生做了一个自我评价，是什么可能说得比较模糊，为什么说得还是比较清楚的，怎么做只说了一两句，是比较简单而且比较模糊的。

这正印证了苏格拉底所说的，所有民众都有反省能力，或者至少拥有普通的理性思考能力的民众都可以进行反省。

在"人可以吃人吗"这个问题上，多数学生坚持认为即便在极端情况下，为了多数人的利益也不能吃人！如果开始吃人了，即便吃的是死人，我们也丧失了人性，就不能称之为人了，就是饿死，也不能做出这样的事情。高二的学生对"吃人"的理解，相对要宽泛一点，已经不单单局限于具体的"人吃人"了，他们已经能够从社会生态视角来理解"人吃人"的内涵与外延。

　　高二的学生由于阅历与心智发展的原因，有几个学生认为，在极端情况下是可以吃人的。有一个学生用"1972年10月13日，一架载有45名乘客和机组人员的客机因恶劣天气缘故，在安第斯山脉坠毁。机上有16名来自乌拉圭橄榄球队的队员靠吃死者尸体，两个月后最终获救"来说明为了生存，可以吃人。当然是特定的情况下，他人既然已经失去了生命，是可以利用这种资源活下来。虽然我们很不愿意承认，但这个现实社会是可以人吃人的，在迫于生存或者是关系到自己利益的情况下，人是会做出吃人这种选择的。

　　遗憾的是，因为只给了我一个课时，未能有时间同学生从伦理学的角度深入地展开讨论。个别学生这样的认知告诉我们教育者的责任之大，任务之重！关于伦理与人性的问题，不是一堂课、两堂课能解决的问题！所以作为教师，尤其是语文教师，我们读书的视野和范围真的要宽一点，因为某种认知的缺陷会导致我们认知的局限，这局限有可能误导学生。

阅读教学中如何培养学生的逻辑思维

《普通高中语文课程标准》(2017年版2020年修订)在阐述课程目标时明确提出:"能够辨识、分析、比较、归纳和概括基本的语言现象和文学现象,并能有理有据地表达自己的观点和阐述自己的发现;运用基本的语言规律和逻辑规则,判别语言运用的正误,准确、生动、有逻辑地表达自己的认识;运用批判性思维审视语言文字作品,探究和发现语言现象和文学现象,形成自己对语言和文学的认识。""自觉分析和反思自己的语文实践活动经验,提高语言运用的能力,增强思维的深刻性、敏捷性、灵活性、批判性和独创性。"也就是说,课程标准强调的是语言的理解与运用要与"思维的深刻性、敏捷性、灵活性、批判性和独创性"互为依托。如何在课堂上培养学生的批判性思维,我这里以人教版九年级上册第五单元《怀疑与学问》的设计与教学为例,谈谈个人的认识与实践。

在设计《怀疑与学问》的教案时,我做了这样一些准备。

首先将课文通读了几遍,这是我长期以来形成的一种习惯。在阅读的过程中我边画边问,大致向文本也是向自己在教读时如何应对提出了一些问题:

(1)开篇为什么分别引用了程颐与张载的两句话,并且各自独立成行?程颐"学者先要会疑"强调的是"会",张载"在可疑而不可疑者,不曾学;学则须疑"强调的是"须",这两句话可不可以去掉一句话呢?如果可以,那么应该去掉哪一句话?

(2)"最要紧可靠的材料是自己亲见的事实根据……""亲见"的就一定"可靠"吗?互联网生态下的"有图片""有视频"怎么看?

(3)"对于传说的话,不论信不信,都应当经过一番思考,不应当随随便便就信了",那么对看到的事实、图片与视频就可以"随随便便就信了"?这里的"随随便便"可以去掉吗?

（4）"这一番事前的思索,不随便轻信的态度,便是怀疑的精神,也是做一切学问的基本条件","事前"的"事"指什么,"随便"与"一切"是否多余?

（5）"我们若能这样追问,一切虚妄的学说便不攻自破了",既然是"学说",何来"虚妄"?

（6）"因怀疑而思索,因思索而辨明是非",思索了,就一定能辨明是非吗?

（7）"怀疑""思索""辨别"三个词语的联系与区别在哪里?它们之间的顺序可以变动吗?

（8）"孟子所谓'尽信书不如无书',也就是教我们有一点怀疑的精神,不要随便盲从或迷信",我们没有"随便",是不是就可以"盲从""迷信"呢?

（9）"怀疑不仅是消极方面辨伪去妄的必须步骤,也是积极方面建设新学说、启迪新发明的基本条件","怀疑"是"消极方面"的,你赞同吗?如果你总是向别人提出这样那样的问题,别人总是不耐烦,你怎么办?

（10）"法国的大哲学家笛卡儿也说:'我怀疑,所以我存在'",我看到的一般是"我思故我在",有区别吗?如果有区别,在哪里?为什么是"也说",而不是"说"?

（11）"常常和书中的学说辩论,常常评判书中的学说","评判书中的学说"不难理解,"和书中的学说辩论"如何理解?

（12）"古今科学上的新发明,哲学上的新理论,美术上的新作风,都是这样起来的",为什么是"新作风"不是"新创作""新作品"?

（13）通读全文,不难发现两个分论点是清晰的,一是怀疑是"辨伪去妄的必须步骤";二是怀疑是"建设新学说、启迪新发明的基本条件"。不难看出,这两个分论点都是指向"须"而非"会",那么回到我的第一个问题来看全文,本文的中心论点究竟是什么?

（14）既然单元导语提出要"提高思辨能力",课文也说"学则须疑",那么本文果真像教材上所说的那样"逻辑严密,语言准确"吗?

同我读任何一个文本一样,这些问题,有的我有自己的答案,有的我也没有答案,但是我的答案未必正确,我没有答案不等于学生找不到答案,我只是想通过我的示范让学生明白"尽信书不如无书"。当然,从教读的角度来看,这就是在教学生读。

对照课文标题,我的想法是,既然课文标题为《怀疑与学问》,那么这篇课文教学设计的指导思想是不是可以确定为,引导学生以怀疑的精神来读这篇课文?

我做的第二件事是,将教材的单元导语、"预习"、"思考探究"、"积累拓展"、"读读写写"、注释以及与本单元相关的写作知识《论证要合理》读了又读。

《怀疑与学问》是人教版《语文》九年级上册第五单元的一篇教读课文。这个单元的导语是这样的:

"法国思想家帕斯卡尔说:人是一根能思考的苇草。从某种意义上来说,人的价值就在于有思想。本单元所选议论性文章,或针砭时弊,阐释公理正义;或谈论学术,探讨创造的意义,都闪烁着思想的光芒。阅读这些文章,可以锤炼思想,提高思辨能力,增进对社会、人生的理解。

学习本单元,要注意联系文章的时代背景,把握作者的观点;还要注意分析议论文所用的材料,理解观点和材料之间的联系,掌握论证的方法。还要联系实际进行质疑探究,养成独立思考的习惯。"

这个单元导语提醒我们,这个单元的教学宗旨是通过教与学来帮助学生"锤炼思想,提高思辨能力,增进对社会、人生的理解"。教学要求是"联系文章的时代背景,把握作者的观点;还要注意分析议论文所用的材料,理解观点和材料之间的联系,掌握论证的方法。还要联系实际进行质疑探究,养成独立思考的习惯"。

这篇课文的"预习"要求是:

"课文引用了一些名言来阐释自己的观点,读时画出来,理解其内涵。怀疑精神是一种可贵的思维品质。阅读课文,领会这种精神的实质。"

这是提醒学生在预习时要关注作者引用的一些名言的内涵,以及它们在文中的作用,进而更深刻地认识到引用对阐释自己的观点的作用与价值。

课文后要求学生"思考探究"的内容是:

"(1)通读课文,同学之间讨论:文中所说的怀疑精神有什么样的内涵?它对做学问有什么重要意义?

(2)本文结构完整,论证严密。细读课文,画出承上启下的关键语句,梳理文章的论证结构,完成下面的表格。"

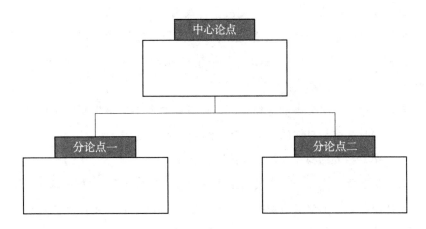

第一条,指向对文本核心内容的理解;第二条,既关于文本结构,又涉及议论文的论点与分论点。我认为这两点就是本文的教学重点,第二条对学生而言还是教学难点。至于学生如何去找论点,又涉及对关键句的认识,关键句与论点是什么关系,对不少学生来说,更是难点。

要求学生"积累拓展"的内容是:

"(1)本文逻辑严密,语言准确。结合上下文,揣摩下面这段文字,回答后面的问题。

一切学问家,不但对于流俗传说,就是对于过去学者的学说也常常要抱怀疑的态度,常常和书中的学说辩论,常常评判书中的学说,常常修正书中的学说;要这样才能有更新更善的学说产生。

① 开头的"一切"是否太绝对了?对此,你怎么看?

②这段文字中有四个以"常常"开头的短句,它们的顺序是否可以任意调整?为什么?

(2)摘抄、熟记课文所引用的名言,并在课外搜集有关治学方法的名言警句。"

我认为,"积累拓展"的要求指向学生语文核心素养中的"语言素养"与"思维素养",当然"审美素养"与"文化素养"也在其中,就看我们怎么理解了。在教学设计与教学实施过程中,教师应该思考和教给学生的是,如何结合这些要求在阅读中、在分享交流中,找出几个例子来推敲一下、讨论一下。同时,学生要很好地完成这一任务,又涉及行文的"逻辑",好在单元的《论证要合理》有相对具体的阐述,只是在教学设计与教学实施过程中我们如何相机而教这是个问题。

对"读读写写"提出的那些字词,在具体教学中应该根据学生的情况有所取舍,而且必须与具体的段落、句子结合起来处理。

与本单元相关的写作知识是《论证要合理》。

在《论证要合理》中,主要向学生强调了这样的观点:"写议论文,不管是立论还是驳论,都要摆事实、讲道理,使人信服你的观点,也就是要进行论证(驳论也是一种论证,只不过是论证对方论点不正确)。合理的论证,要求选用恰切的论据,运用适当的论证方法,准确阐发论据与观点间的逻辑关联。"并联系本单元的课文,从"论证要合乎逻辑,观点要一致,概念要统一";"使用的材料要能支持论点,避免出现论据不相干或论据不足的情况";"要选择恰当的论证方法";"论证结构合理,思路清晰"四个方面进行阐述。并指出了"初学写作议论文,常常简单地采用观点加例子的论证方式,方法较为单一"的毛病,希望学生明白,"论证方法有很多种,除了讲道理和摆事实之外,还有对比论证、比喻论证、类比论证等"。"根据内容的需要,选择合理的论证方法",才"能够增强说服力,增加表达的丰富性"。

论证合理,要求论证结构严谨。"为了使论证的结构合理,可以采取设置分论点的形式,从多方面、多角度展开论证;也可以采用'提出问题——分析问题——解决问题'的结构,层层深入展开论证。"

这个知识，学生在小学到初中的学习中多多少少知晓一点，只不过聚焦"论证"的学习进入初中后是第一次，这就需要在了解学生实际知晓多少、知晓到什么程度、有多少学生知晓的基础上采取相应的教学策略，是分解在具体课文的学习中，还是等本单元的学习结束后进行专题讨论，还是两种策略相结合，则需要视具体学情而论。

与《论证要合理》相关的"写作实践"的要求是：

"《怀疑与学问》一文中指出，做学问不要盲从或迷信，要有怀疑的精神。请你也写一段文字论证这个观点。200字左右。

提示：

（1）可以用相关事例、名言等材料作为论据，论证题目中的观点。

（2）要对所用的材料进行具体分析，不要只是简单的'观点＋材料'。"

这是教材的要求，那就要想办法去落实。问题是，如何落实。是读写结合，还是先读、先学，然后再写，要依据实际情况而定。

我做的第三件事是，通览初中《语文》教材与小学《语文》教材。其目的是要搞清楚在这之前学生对议论文应知应会些什么，至于知多少，多少人会，那就要看教学班级的情况了。由旧知到新知，由已知到未知，作为一条教学原则是为教者必须谨记的，从课程与教学的视角来看，教师的课程意识体现的一个方面就是去弄清楚在这之前应知应会的要求，才有可能弄清楚当下应知应会的是什么。

人教版《语文》六年级下册的情况是这样的：

第12课《为人民服务》，属于演讲词（讲话稿）。第五单元要求学习用具体事实说明道理的写法，《真理诞生于一百个问号之后》典型一些。第18课《跨越百年的美丽》、第19课《千年梦圆在今朝》都不能算是说理文。《真理诞生于一百个问号之后》课后习题提出，"作者是用哪些事例来说明自己的观点的？你还能补充哪些事例？具体说一说。"本单元"口语交际"安排了辩论，要求搜集事例和材料，讨论对方可能从哪些方面提出相反意见，己方如何反驳。辩论时要举出恰当的例子说明自己的想法，并注意条理清楚地表达自己的意思。最后主持人要进行总结陈述。

"口语交际"的要求相当高，从树立观点、寻找论据、建构逻辑、语言表达各方面提出了要求。这个要求应该也是编者确立的说理文学习目标，学生并无充分的学习经验支撑，也缺乏细化的操练，只凭以上似是而非的文本似乎较难达到教材的要求。

另一个比较有代表性的版本是苏教版《语文》，教材选入《说勤奋》《滴水穿石的启示》《谈礼貌》《学与问》《学会合作》共5篇说理文。分别编排在四年级上册、五年级上册、五年级下册、六年级上册、六年级下册。四年级上册时主要感知说理文文体的特点，知道说理文写作的目的和达到目的基本方法，六年级的两篇课文侧重感知说理的逻辑，体会作者的论述层次。从教材的编排来看，似乎照顾了要求的不断提高，体现了要求的梯度性。

再来看现行的这套人教版《语文》教材，七年级上册第四单元总体说应该属于以议论为主的文本，已经涉及表达的逻辑顺序问题；八年级下册的第四单元主要是演讲稿，属于议论文，强调了行文的针对性、感染力和说服力。九年级上册的议论文有第二单元、第三单元、第五单元，第二单元强调的是"观点要鲜明"，第五单元强调的是"论证要合理"，可见议论文的学习与写作是这一册教材的重点。人教版《语文》九年级上册通过课文和相关专题知识比较具体系统地向学生介绍了一篇议论文首先必须做到"观点明确"，阅读议论文，要准确"把握作者的观点，区分观点和材料，理清论证的思路，学习论证的方法"；其次是作为议论文围绕观点的"议论要言之有据"，议论文阅读自然必须看作者是否"言之有据"（这个知识点教材安排在第四单元后的写作部分）；再次就是议论文的论证了，也就是这个单元的"论证要合理"。就如第五单元的单元导语所言，这个单元的教学任务是"要注意联系文章的时代背景，把握作者的观点；还要注意分析议论文所用的材料，理解观点和材料之间的联系，掌握论证的方法。还要联系实际进行质疑探究，养成独立思考的习惯"，目标是"锤炼思想，提高思辨能力"，"联系实际进行质疑探究，养成独立思考的习惯"。《怀疑与学问》的前面一篇《中国人失掉自信力了吗》是一篇驳论文，驳论的前提就是质疑。

通过对九年级之前的教材的回顾，不难看出，尽管作为九年级的学生，对议论文不陌生，但对议论文知识的系统学习只是开端，至于思辨能力、质疑精神的培养和提升的要求则更明确、更具挑战性。因此，不单"论证合理"是《怀疑与学问》的教读重点与难点，"质疑""思辨"更应是《怀疑与学问》的教读重点与难点，它也应该是这个单元的教学重点与教学难点。

第四件事是了解相关资料，比如作者的身份、生平及本文的写作背景。结果发现顾颉刚的女儿顾潮1997年发表在《语文学习》第一期上的《重提顾颉刚先生的一封信》里面有这样一段话："初中语文教材所选《怀疑与学问》一文，以前我不曾见过，先父去世后，听吴世昌先生言，此文是他执笔。不过，文中所言，确为先父的意思。"可2018年印行的人教版教材的注释却赫然注明："选自《宝树园文存》卷三（中华书局2011年版）。"遗憾的是，我手头没有这本《宝树园文存》，自然无法知道中华书局这个版本的结论是从哪里来的，如果中华书局版本是对的，人教版的注释也就没问题了。但有一个问题是明确的，顾潮的这段文字与课文注释，恰恰是用来引导学生讨论《怀疑与学问》的绝妙素材。网上搜了一下，居然发现了网名稚吟秋声文化的一篇名为《议论文也要知人论世——以溯源导读法解读〈怀疑与学问〉一课》的文字，很有意思（搜了一下，稚吟秋声文化应该是姚丹华老师）。我认为，这篇文字可以让学生作为"怀疑"教材、以教材为思辨素材的范本来读一读。

上面这些事情做好了，就是教案的设计了。有效教学设计的第一步自然是确定与陈述教学目标。我在《教学目标的设定与陈述》一文中反复表述过这样的观点，从教师教的角度看，教学目标是教学的出发点，也是教学的归宿，同时，它还是考核评价教师教的效果的依据。从学生学的角度讲，教学目标是学的出发点，也是学的归宿；同时，它还是考核评价学习效果的依据。作为教师，我们必须认识到，教学目标不单单是从一堂课、一个单元、一册教材出发，它的上面有学科课程的目标，更有教育目的统摄下的教育目标。如果只是从一堂课一堂课，一个单元一个单元、一册教材一册教材出发设定教学目标，这样的教学将很难达成学科课程目标，更有可能偏离教育目的。这就是我要做那些看上去与这个文本的教学无关的那些事情的原因。

在完成上述那些事情的基础上，我给《怀疑与学问》这篇教读课文设定了这样一些教学目标：

（1）回忆以往所学的关于议论文的知识，尤其是"观点明确""言之有据"的要求，找出文章的中心论点与两个分论点；

（2）对照《论证要合理》中的"论证要符合逻辑，观点要一致，概念要统一"的要求，梳理文本的论证结构；

（3）参照"积累拓展"的要求在阅读中关注作者的选词造句，理解文本"逻辑严密，语言准确"的表达特点；

（4）学习文本引用相关事例、名言等材料作为论据的方法，写一段文字来证明"做学问不要盲从或迷信，要有怀疑的精神"的观点；

（5）掌握"读读写写"中的词语，理解课文中引用的名言，并尝试运用它们；

（6）在认真阅读文本的基础上，对文中你认为值得怀疑的表达提出你的疑问，并与同学分享。

我给这篇课文教学设定为两个课时。

第一课时，学生的学习任务有：

（1）结合学过的有关议论文，谈谈议论文的有关知识。比如，论点是什么，中心论点与分论点之间的关系是什么，一般而言，人们证明自己的观点时会采用哪些方法，等等。

（2）通读课文，画出课文承上启下的关键句，找出课文的中心论点、分论点，填写表格，并编写文本的结构提纲，与同学分享。

（3）讨论：开篇为什么分别引用了程颐与张载的两句话，并且各自独立成行？程颐"学者先要会疑"强调的是"会"，张载"在可疑而不可疑者，不曾学；学则须疑"强调的是"须"，这两句可不可以去掉一句话呢，如果可以，那么应该去掉哪一句话，为什么？

（4）你觉得课文的第 3 段在全文中起了怎样的作用，谈谈你的理由，也可以与同学讨论。

（5）反复阅读文章的第 4 段与第 5 段，严格说来，这两段都是谈如何对待书本知识，讨论一下，是否可以删掉其中一段，为什么？

(6) 作者在第 5 段中说,"许多大学问家、大哲学家都是从怀疑中锻炼出来的",除了作者所列举的那几位,请你也列举一两个人,与同学谈谈。

(7) 作业：

① 在阅读中选择你感兴趣的段落或句子,揣摩、推敲作者的选词造句,看看是否符合"逻辑严密,语言准确"的评价。

② 上网搜索有关文本的资料,如,作者的生平、代表作、人们对作者及文本的评价等。

第二课时,学生的学习任务有：

(1) 与同学分享自己搜索的有关信息,并谈谈看法。

(2) 作者引用了哪些事例、名言来证明"做学问不要盲从或迷信,要有怀疑的精神"的观点,你觉得是否有必要引用这么多,为什么？

(3) 学习本文引用相关事例、名言等材料作为论据的方法,写一段文字来证明"做学问不要盲从或迷信,要有怀疑的精神"的观点。

(4) 既然作者认为墨守前人的旧说,人类的文化就不会进步了,那么作者的这篇文字属不属于旧说,他的这篇文字有没有值得你质疑的地方？如果有,请找出来谈谈你的看法。

(5) 速读《议论文也要知人论世——以溯源导读法解读〈怀疑与学问〉》,谈谈你对这篇文字的看法。

(6) 作业：

① 修改自己所写的短文。

② 写一篇短文,谈谈你对文本论证结构或遣词造句的看法。

在学生完成这些学习任务的过程中,教师要做的事是：根据教学目标,从实际需要出发,围绕定向、激趣、激疑、释疑、关联、转换、反馈、评价、分享等工作。

定向,就是与学生共同探讨学习目标与任务。激趣,自然是想办法将学生的学习兴趣调动起来,比如如何看顾颉刚的女儿顾潮 1997 年发表在《语文学习》第一期上的《重提顾颉刚先生的一封信》与课文注释的矛盾。激疑,就是通过提问、追问、提示、讨论、分享等形式,启发学生于无疑处生疑。

当然，在学生经过努力还是没有办法解决疑惑的时候，就要施以援手，给学生释疑解惑。至于关联与转换，则是要引导学生将文本上的观点与实际的生活联系起来思考，要提醒学生想方设法，将文本的信息转化为自己熟悉的东西。没有反馈与评价就不可能推动学生的学，也不可能监控教师的教，在一定程度上，对学生学习进展的及时反馈与评价应该是课堂教学的基本原则之一。在我看来，教读在某种程度上，就是教师与学生分享自己的阅读体验的过程。既然我将"论证合理""质疑""辨别"作为教读本文的重点与难点，我就要与学生分享自己在阅读中想到的一些问题，为他们的"质疑""辨别"提供借鉴，打开思路。因此，在教学进程中，我就要从学情出发，将我的那些问题适时抛出来。

另外一个需要引起同行注意的是，同样的课文，不同的学校，不同的班级，教学目标与学习任务应该不相同。即便是同一所学校、同一个班级，不同学生群体的学习基础与认知能力也不一样。教学，一定要面向对象，面对不同的学生需要确定不同的教学目标，选择不同的任务，采取不同的教学策略与教学方法。至于，采用什么教学策略与教学方法，比如用不用多媒体，如果用，哪些东西需要通过多媒体呈现，哪些不需要，都要根据具体的教学情境相机而为。当目标与任务确定下来后，我也清楚，这么多的教学目标与任务，如果都要达成，对许多班级而言显然不可能。但在我看来，即便这六个教学目标、十多个学习任务也还不周全。我在三十年前就同同行说过，备课要像一列列火车，可以少几节车厢，也可以多几节车厢。我将这称作"火车皮"说，教学设计就像一列火车，是由一节一节的车厢组合起来，加一节是完整的，拿掉一节也是完整的，一般情况下只有施教者知道，学生不知道，听课的同行更不知道。当然，这需要经验与功底，要经过长时间的实践积累。课堂上的情况往往不可预料，你的预设再周全、再完美，一旦走进课堂，就会发现原来并不周全，更不完美。只有这样，当我面对具体的学校、具体的班级时，才有可能找到适合的目标与任务。教案只是一种预设的方案，课堂教学的具体情境是动态的，我们在课堂上不可能完完全全依照教案去推进。

附：《怀疑与学问》课堂实录

班级：南阳市三中九年级（8）班。

时间：2019 年 11 月 3 日。

凌宗伟：桌牌做好了吗？

学生（齐声）：做好了！

凌宗伟：大家好，今天我们将共同合作完成一堂课，我想让我的表现好一点，也希望大家能够表现好一点，我们有没有这个信心？

学生（齐声）：有！

凌宗伟：很好，上课！

学生（齐声）：老师好！

凌宗伟：大家好，请坐下！谁来说一说，我们要表达自己的观点，会用些什么方法？想说的可以举手，也可以自己站起来，也可以给我个示意。桌牌的作用就在这（我可以知道你是谁）。演示文稿播放：说一说，你们证明自己的观点一般采用哪些方法？

男生1：可以用一些例子、名言。

凌宗伟：很好，请坐下。还有没有？其他同学想补充吗？（板书：例子、名言）

男生2：可以演示一下。

凌宗伟：哎呀，这个方法我还从来没用过。（板书：演示）还有没有同学想补充？

男生3：可以反驳对方的观点。

凌宗伟：哦，可以反驳。（板书：反驳）我想请你具体说一说，你如何根据对方的观点来反驳？

男生3：我事先会说我的观点，再引导他说出他的观点。然后利用刚才前面同学说的正确的例子和名言证明他的观点是错误的，最后，证明我的观点正确。

凌宗伟：好，你的表达很清楚，有观点，有方法，表达也很有层次感，请坐下！还有没有其他同学想补充？没有？我问个问题：演示我不好说，那么我们如何才能保证所用的例子与名言能证明我们的观点呢？

李宜晨：举的例子要正确，要是人们所熟知的。

凌宗伟：他认为选用的例子要正确，那么你们如何理解"正确"呢？（板书：正确）另外一个是，要是人们所熟知的。（板书：熟知）李宜晨同学补充一下？我们如何能够保证所用的例子与名言是正确的，或者换个问法，我们所用的这个例子与名言，跟我们要表达的观点之间应该是怎样的关系？我们可以商量一下，不明白可以商量。你自己也可以补充。

（学生自由讨论）

凌宗伟：丁潇（女生）你说。

丁潇：它们之间必须能够相互印证。

凌宗伟：它们之间必须能够相互印证。（板书：印证）

丁潇：还有，举的这个例子能够证明那个观点是正确的，如果举的例子不正确会带来不好的影响。

凌宗伟：也就是说，这个例子跟观点之间必须一致，是这个意思吧？很好，请坐下！

李宜晨：我觉得还要注意举的例子的感情色彩。

凌宗伟：哦，还得注意感情色彩。这个回答很有意思，一个很有意思的问题，我们在阐述一个道理的时候，首先是建立在自己的感情基础上，我们的感情能够代替我们的观点吗？或者反过来说，如果我们的观点只是在感情的支配下（表达的），你们说，这在观点阐述或者论证的过程中会不会出现问题？它对我们证明自己的观点是有利的，还是有害的？不要有答案。好。我们先来看课文。今天我们要学的课文是《怀疑与学问》。演示文稿呈现课文标题。

凌宗伟：（板书：疑是知之始）知道有这个句子吗？有没有谁看到过这个句子？没有。没问题，我们一起读一下，预备起！

（学生齐读）

凌宗伟：谁能解释一下，"疑是知之始"是什么意思？这是个文言句子，对不对？这个知识应该具备，谁来尝试一下？有愿意的吗？张炳阳。

张炳阳：疑问，疑问是了解知识的基础。

凌宗伟：疑问是了解知识的基础。好，请坐下！有没有同学要补充？你很想补充。

男生4：疑问是学习知识的开始。

凌宗伟：疑问是学习知识的开始。好，请坐下！大家说说看，从文言文翻译的角度讲，这两个同学哪个翻译得更准确？

学生（齐声）：第二个。

凌宗伟：不错，第二个，这个"始"是开始的意思。当然，把它翻译成基础也可以。文言文翻译有两种方式，一种是直译，一种是意译，但是考试的时候？

学生（齐声）：直译！

凌宗伟：直译，对，但是如果我们想要记忆的话，你们觉得是直译好，还是意译好。意译？对。所以，任何事情都不要绝对化。我主张直译，疑问是做学问的开始。现在我们看这个标题《怀疑与学问》，猜一下，这个"怀疑与学问"，他（作者）想说什么？可以讨论一下。

牛笑妍：我觉得他想说的是怀疑与学问之间的关系。

凌宗伟：想说的是怀疑与学问之间的关系。你从哪里看出来？猜的？

牛笑妍：因为《怀疑与学问》这个标题中有个"与"字。

凌宗伟：好，很好！我们在阅读文本的时候，要注意一些词语，这些词语有的时候就暗示了作者想说什么，比如说这个标题上的"与"，它表示关系。这是牛笑妍同学对标题的猜测，对文章的猜测，其他同学有没有猜测？或者除了我们猜测这篇文章可能是谈怀疑与学问之间的关系，能不能猜测其他什么？有没有？没有？先放一下。一起把课文读一读，看看是不是如我们牛笑妍同学的猜测，我建议大家读出声音来。所谓"思维的可视化"（板书：思维可视化），就是把思维呈现给他人，方式一是读，二是写，三是说，还可以边说边做。好，读出声音来。

（学生放声读课文）

凌宗伟：很好！一遍读下来，你们感觉自己有没有读懂？大致上读懂。或者我再问个问题，你们通过朗读，对照刚刚前面同学的发言来看，作者是不是这样阐述自己的观点或者证明自己的观点的。第三个问题是，这篇文章是不是如牛笑妍同学所说，是谈怀疑与学问之间的关系。第四，在阅读的过程中有没有自己没办法理解的？我刚才提了四个问题，可能语速也不慢，我想请陈重阳同学把我的四个问题重复（复述）一下。

陈重阳：顺序，是按黑板所写的顺序，来进行，进行论述的。

凌宗伟：是顺序吗？

学生（齐声）：方法。

陈重阳：然后第二个问题，文章是否写怀疑与学问之间的关系。然后，第三个问题……

凌宗伟：没事，不要紧张，能重复（重复）两个已经不错了，上课的时候，当老师在讲话的时候，或者其他同学在发言的时候，我们要养成一个习惯，耐心地倾听。

凌宗伟：好，你坐下！有要补充的吗？还有两个问题？我不记得了。

学生（齐声）：对文章是不是理解。

凌宗伟：很好，还有一个是这篇文章有没有没有读懂的地方。可以想一想，也可以交流一下。

这四个问题，你们有答案吗？焦廷正同学，你想说一下吗？不要四个问题都回答，你想就哪个问题来回应，就回应哪个问题。

焦廷正：这个，这个说明顺序我是基本上跟同学说的观点一致。

凌宗伟：是"顺序"吗？有"演示"吗？

焦廷正：是证明的方法。有"演示"，第2段，就是引用名言，引出自己的观点"怀疑与学问"的。然后，第3段是说学问的基础在于事实和证据，事实就是自己亲眼看见的。

凌宗伟：哦，他认为亲眼看见的就是"演示"。好，请坐下！亲眼看见的就是"演示"？"演示"是什么意思？是看见的吗？表达要准确，"演示"是自己做给别人看的。我想纠正一下你刚才的"怀疑与学问"是论点的说法,大家赞成不赞成"怀疑与学问"是论点的说法?

女生1:不是论点,是论题。论题是一个引出他所说的这个问题,论点是文本表达的中心意思。

凌宗伟:他说不是论点,是论题。那么我想请你说说看,论题跟论点有什么区别?或者我们再换个思路,刘老师在跟你们讲论点的时候,认为论点应该具备怎样的特征?我好像听到一个男生在下面讲,论点应该是个判断句,请讲。谁说判断句的?站起来说。

男生5:一般都是判断句。

凌宗伟:一般都是判断句。好,我再问个问题,一般而言,论点在哪些地方出现呢?

男生5:有的在开头,有的在结尾。

凌宗伟:会不会出现在中间?

男生5:也会。

凌宗伟:那么你觉得这篇文章的论点在哪里?

男生5:在中间。

凌宗伟:说说看,跟大家分享一下。

男生5:怀疑是做一切学问的基本条件。文章是围绕这句展开。

凌宗伟:怀疑是做一切学问的基本条件。其他同学找的是不是这个(句子)?有的人在点头,有的人在摇头,好,请坐下!我看到一个摇头的女同学,请你说说看。

女生2:做学问,最要紧、最可靠的材料是自己亲眼看见的事实证据。

凌宗伟:好,请坐下!我们就讨论一下,对这两个同学的观点怎么看?一个说是围绕"怀疑是做一切学问的基本条件"来展开。一个说是"做学问,最要紧、最可靠的材料是自己亲眼看见的事实证据"。如果在两者中做选择的话,应该是哪个?或者换个说法,凌老师问的是,他(作者)是怎么论述自己的观点的这个问题,其实是问的这篇文章的哪个方面的问题?要养成自己不明白就交流的习惯,当然也要养成自己独立思考的习惯。我们要讨论"怀疑与学问"必须建立在思考的基础上，（首先是）自己思考，拿不准或者不明白的情况下，就可以与同学商量一下，你想不明白的，也可以跟大家分享一下。

王思立：我认为是围绕"怀疑是做一切学问的基本条件"来讲怀疑与学问之间的关系。第3段从正反两个方面来论证。

凌宗伟：他说，第3段从正反两个方面来论证。你们说，这是论证的方法还是论证的思路？

学生（齐声）：是思路。

凌宗伟：思路是什么意思？先说什么，然后说什么？中间又说什么？最后又说什么？这就叫思路。好，请坐下，不错！你想说？

焦廷正：（作者）首先引用两位名人的名言，引出怀疑与学问的论题。指出治学必须有怀疑精神。然后说我们做学问靠的是证据，而有的时候便只能靠别人的传说，自然而然，提出怀疑与学问的问题……也就是教我们有一点怀疑的精神。然后，第4、5段是说怀疑是消极方面辨伪去妄的必要步骤。第6段，是从积极方面说，建设新学说，获得新发明，怀疑精神也是基本条件。

凌宗伟：好，你的思路很清晰，有没有同学要对焦廷正同学的发言进行补充？

男生6：我觉得，第3段实际上是说我们做学问的基础是依靠事实证据，但是它接着说这个事实证据有可能是错的，我们要对这个事实证据有一定的怀疑，然后才引出了下文。

凌宗伟：你想说，你觉得第3段实际上是说我们做学问的基础是要依靠事实证据，但是它接着说这个事实证据有可能是错的，我们要对这个事实证据有一定的怀疑，然后才引出了下文。

凌宗伟：你（焦廷正）认同他的补充吗？好，不错。你的思路很清晰，你的思维很敏捷。好好看屏幕：

凌宗伟：刘老师跟大家讲过除了中心论点，还有分论点吗？（板书：中心论点，分论点）根据教材上的要求，我们要填写中心论点与分论点。花2分钟，我们找一下，不一定填写，找到了分享一下就行。

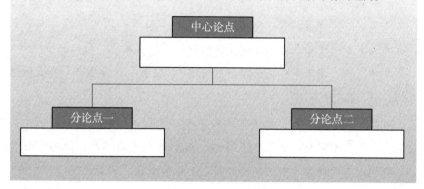

填填看

通读课文，画出课文承上启下的关键句，找出课文的中心论点、分论点，填写下表，并编写本文的结构提纲，与同学分享你的理由。

（学生读书，寻找）

凌宗伟：找到了？找到了就站起来说，不错，张景尧同学。

张景尧：分论点一，从消极方面看，怀疑是辨伪去妄的必要步骤；分论点二，从积极方面看，怀疑是建设新学说、获得新发明的基本条件。

凌宗伟：好！有同学好像有不同意见，说说看。

某同学：第一个分论点是怀疑是做一切学问的基础，第二个分论点才是他说的怀疑是建设新学说、获得新发明的基本条件。

凌宗伟：好，大家还有没有其他意见？如果没有，我们就来讨论一下两个同学所说的哪个更接近这个作者的文本的意思。要讲理由，稍微展开一下！有谁想发表意见？我们也可以自我矫正。比如张景尧同学，听了同学的意见以后，你有没有想反驳他？刚刚有同学不是讲要针对对方的观点反驳一下吗？他已经针对你的观点进行了反驳，你想不想展开说一下，回应一下。有点难度，有点难度。我们再换个思路，你们能确认分论点一是什么？分论点二是什么？你们的理由是什么？怀疑是做一切学问的基础是不是分论点？时间关系，这个问题我们可以留到课后继续讨论。既然标题也好，论点也好，谈的是怀疑与学问，我提醒各位注意，中心论点与分论点之间是什么关系？中心

论点是统摄分论点的，分论点是支撑中心论点的。（板书：↑↓）

凌宗伟：我有个问题，作者引用了哪些事例？你们觉得有必要引用这么多吗，为什么？焦廷正同学想说，焦廷正同学真不错，今天表现相当好，给他点掌声好不好？

焦廷正：我觉得有必要，举的例子其实越多越好，因为有的是大家熟悉的，有的大家不一定熟悉，例子少了认同的人可能会减少，所以越多越好。

凌宗伟：好，请坐下！例子越多越好吗？（板书：越多越好）赞成他这个观点吗？好，王诗皓同学。

王诗皓：我认为举例子是多方面的追求，开头我们就说了举的例子要能证明观点，还要有引用，虽然（不同的）例子有不同的作用，但不是越多越好，再有就是不同的名言有不同的作用，不是多余的。

凌宗伟：你能不能说得简洁一点？我给你概括一下，例子不是越多越好，第二个你觉得引用了这么多是因为这些名言有不同的作用，不是简单的重复。是不是这个意思？我没有答案，我只是提醒大家注意，既然谈的是怀疑与学问，我们就要用怀疑的精神来看这篇文章。请问，作者在文末说，墨守前人的旧说，人类的文化就不会进步了，那么作者的这篇文字属不属于旧说？从作者所引用的这些名言来看，他谈的怀疑与学问是属于新说，你们觉得这篇文章有没有值得你们怀疑的地方？

学生（齐声）：是旧说。

（下课时间到）

凌宗伟：时间关系，来不及讨论了。演示文稿展示：

这是一个课后作业，建议大家去搜索一下这两篇文章，然后对照作者女儿所说的，我们来推敲推敲。作者女儿关于这篇文章是她父亲的结论站不站得住脚？好，下课！

学生（齐声）：老师再见！

凌宗伟：大家再见，向后转，与在座的教师再见！

（反思：我给这篇课文教学的定位是：用怀疑的精神学习《怀疑与学问》。我当初的设计是两个课时，但因为还有两堂作文指导课，所以压缩为一堂课，

关于《怀疑与学问》

> 姚丹华：《议论文也要知人论世——以溯源导读法解读〈怀疑与学问〉一课》
>
> 蔡尚思：《顾颉刚治学的几个特点》
>
> 顾颉刚的女儿顾潮《重提顾颉刚先生的一封信》里面有这样一段话："初中语文教材所选《怀疑与学问》一文，以前我不曾见过，先父去世后，听吴世昌先生言，此文是他执笔。不过，文中所言，确为先父的意思。"

然而，这里的一堂课又是 40 分钟，于是许多问题就放过去了，说是说后面再谈，但在实际的教学中有些问题还是没有照应到，这不得不说是遗憾。这篇课文用一个课时来教，是不是也可以？我觉得是可以的，这就有个聚焦的问题了，比如紧扣有没有必要引用这么多，作者的观点属不属于旧说来展开也是可以的。问题还是出在贪多上。另外遗憾的是，因为录音的问题还有几个学生的名字没有搞清楚，在此表示歉意。）

在具体课文的教读中引发学生的思辨性阅读与表达

前面多次说了新的课程标准、新的高中教材与以往的教学大纲、教材的主要区别之一就是提出了"学习任务群"的概念，并确定了十八个学习任务群的教学任务。这里还是要再说一说，课程标准关于语文学习任务群的主要表述是这样的："'语文学习任务群'以任务为导向，以学习项目为载体，整合学习情境、学习内容、学习方法和学习资源，引导学生在运用语言的过程中提升语文素养。若干学习项目组成学习任务群。""学习任务群以自主、合作、探究性学习为主要学习方式，凸显学生学习语文的根本途径。""不同学习任务群具体的学习内容有所区别，体现不同的学习要求；必修的学习任务群构成普通高中语文课程目标、内容的基本框架，体现高中阶段对每个学生基本、共同的语文素养要求"，简言之，语文学习任务群的教学活动是以学习为中心的语文课程教学实践，是一种真实情境中的探究学习与项目学习；在教学设计上倡导基于语文学科核心素养的大单元设计。其根本在提升学生的语文学科核心素养，学科素养如果说有"核心"，我以为这个核心就是语言素养，这是语文学科特质决定的。听、说、读、写的背后是思维素养，理解与表达的背后是情感态度与价值观，是文化素养与审美取向。

课程标准的学习任务群六是思辨性阅读与表达。这个任务群"旨在引导学生学习思辨性阅读和表达，发展实证、推理、批判与发现的能力，增强思维的逻辑性和深刻性，认清事物的本质，辨别是非、善恶、美丑，提高理性思维水平"。在学习目标与内容上课程标准是这样表述的："（1）阅读古今中外论说名篇，把握作者的观点、态度和语言特点，理解作者阐述观点的方法和逻辑。阅读近期重要的时事评论，学习作者评说国内外大事或社会热点问题的立场、观点、方法。在阅读各类文本时，分析质疑，多元解读，培养思辨能力。"请注意"分析质疑""多元解读""思辨能力"这几个关键词。"（2）学习表达和阐发自己的观点，力求立论正确，语言准确，论据恰当，讲究逻辑。学习多角度思考问题。学习反驳，能够做到有理有据，以理服人。"请注意"讲究逻辑""多角度思考""学习反驳""有理有据""以理服人"这些词语。"（3）围绕感兴趣的话题开展讨论和辩论，能理性、有条理地表达自己的观点，平等商讨，有针对性、有风度、有礼貌地进行辩驳。"请关注"讨论""辩论""理性"等词语。

具体的教学提示则有："（1）以专题性学习为主要方式。选择日常生活和学习中、历史或当今社会中学生共同关心的话题，要求学生通过阅读与鉴赏、表达与交流、梳理与探究等语文学习活动，阅读古今中外典型的思辨性文本，学习并梳理论证方法，学习用口头与书面语言阐述和论证自己的观点，驳斥错误的观点。（2）教学过程要注重对学生思维过程和思维方法的引导，注意发展学生的辩证思维和批判性思维，注重培养学生思维的逻辑性。结合学生阅读和表达中遇到的实际问题，适时适度地引导学生学习必要的逻辑知识；相关知识的教学要简明、实用，能有效地帮助学生解决概念、判断、推理等方面遇到的问题；避免进行不必要的、机械的训练。"

如何在实际的课堂教学中落实思辨性阅读与表达的学习任务，我觉得首先要认真研读课程标准的上述表述，领会课程标准的要求，然后结合教材及教材的助学系统来设计教学。这里以高中《语文》必修上册第六单元的《拿来主义》的教学设计为例。

单元导语是这样的：

"学习是永恒的话题。从《礼记·学记》中的'玉不琢，不成器'，到当今社会倡导的终身学习和个性化学习，数千年来，人们一直在不懈地探索学习之道，以更好地获取知识，提升能力和自身修养。

本单元的文章从不同角度论述有关学习的问题，或阐述学习的意义，或讨论学习的态度与方法，或描述读书的经历与感受，使我们获得不同的启迪。

学习本单元，以'学习之道'为核心，通过梳理、探究和反思，形成正确的学习观，改进学习方法，提高学习能力。要准确把握作者的观点和态度，关注作者思考问题的角度，学习他们有针对性地表达观点的方法；学会发现问题，从合适的角度以恰当的方式阐述自己的看法。"

这篇课文的"学习提示"是这样的：

"议论性文章往往具有鲜明的针对性。查找相关资料，了解本文的写作背景，思考文章是针对什么问题而写的，提出了怎样的观点，对我们有什么启示。

这篇文章将不同现象进行归类，直接予以批驳，确立自己的观点。阅读时，梳理和把握论述的脉络层次，学习破立结合的写法，感受文章蕴含的批判力量。

作者善于运用比喻来证明观点，阐述自己的主张。找出文中比喻论证的例子，分析作者是怎样有效地进行论证的，体会比喻论证的表达效果。"

本单元的学习任务是：

"一、学会学习，是我们应该具备的基本素养，而良好的学风，又是有效学习的必备条件。围绕'学习之道'，深入阅读本单元课文，完成下列任务。

1. 本单元的文章，从不同角度探讨学习问题，阐发了一些深刻的道理。……从几篇课文中摘录一些名言警句，谈谈自己的心得体会。

2. 本单元的一些文章描述了作者读书求学的经历……这些场景带给你什么样的感受？你有过哪些难忘的读书经历？跟同学分享一下。

二、本单元的文章以说理为主，运用了多种说理方式，语言也各有特色。……《拿来主义》先破后立，睿智犀利而又妙趣横生。阅读本单元课文，梳理作者的论述思路，体会其说理艺术，看看作者是如何阐释'学习之道'的。

1. 本单元课文，大都运用了对比的方法说理；《劝学》《反对党八股》《拿来主义》都运用了比喻的方法说理。从课文中分别找出典型的例子，分析对比和比喻的方法在阐发观点上的作用。

2. 本单元的文章大多针对现实问题发表议论，往往先批判错误，然后有针对性地提出自己的主张。阅读这些文章，看看文中列举了哪些错误现象，作者又是如何层层辩驳剖析，并给出'药方'的。"

任务三是关于写作的。

另外本单元还附录了《议论要有针对性》的文本。这个文本主要强调人们发表议论，往往针对现实生活中的某个问题展开。"我们写议论文也应该如此，可以从最近发生的新闻事件、值得关注的社会现象、人们关心的某些问题、存在争议的某个说法中发掘议论的对象，对其进行分析论证，启发人们深入思考，以做出正确的判断。"并且提醒学生注意："强调议论的现实针对性，不等于只能把议论局限于某时某事。事实上，好的议论文大多能从对具体问题的讨论中得出具有普遍意义的结论。《拿来主义》有感于《大晚报》的报道，却并不局限于评论'发扬国光'的'送去主义'，所论的'拿来主义'更具有超越一时一事的认识价值。我们平时要多阅读，多思考，深化自己的认识，写作时才能把个别之事与一般之理结合起来。"另外作者还特别强调"写议论文，还要有读者意识，这也是一种针对性"。"写作前可仔细思考：我的文章是为哪些读者写的？他们的年龄、知识层次，阅读能力和阅读喜好如何？他们最关心哪些问题？设想讨论哪些问题会引起读者的兴趣，怎样表达更容易让读者信服，这样才能使议论达到预期效果。"

另外，选择性必修上册第四单元"逻辑的力量"从"发现潜藏的逻辑谬误""运用有效的推理形式""采用合理的论证方法"三个方面向学生介绍了相关的逻辑知识。在谈及"逻辑能够让我们化繁为简，去伪存真，透过纷繁复杂的表象，洞察问题的本质"时就是以鲁迅的《拿来主义》为例介绍推理知识的。

基于课程标准与教材助学系统的要求，结合我在重读《拿来主义》这一具体文本时向自己提出的几个问题，有了一个从思辨性阅读与表达出发的教学设计思路。

我提出的几个主要问题是：

（1）本单元谈"学习之道"，《拿来主义》属于"学习之道"的范畴吗？如果是，理由有哪些？如果不是，又有什么依据？

(2)尼采不是太阳,煤也不是文化,用尼采与煤跟中华传统文化类比合适吗?

(3)文中涉及的古画、新画以及京剧,属不属于中华文化?如果属于,那么是精华,还是糟粕,还是两者并存?

(4)"送来"的全是外国文化中的糟粕吗?"自己拿来"的一定全是外国文化中的糟粕吗?这两者存在不存在"精华"与"糟粕"并存的状况?

(5)"所以我们要运用脑髓,放大眼光,自己来拿!"去掉"运用脑髓""放出眼光"行不行,为什么?

(6)从逻辑的视角看,比喻论证、类比论证是严格的论证吗?为什么?

……

我的教学设计思路是这样的:

《拿来主义》作为一篇传统课文如何上出新意,是一项富有挑战性的工作。本单元的教学要求是"准确把握作者的观点和态度,关注作者思考问题的角度,学习他们有针对性地表达观点的方法;学会发现问题,从合适的角度以恰当的方式阐述自己的看法",这个要求与课程标准的要求一致。所以,本课的教学设计将重点放在理解作者的推理方式与论证方法上,通过引导学生回顾推理、论证的基本知识,结合复习有关的修辞知识,组织学生讨论分析课文比喻论证、类比论证在说理中的表达效果,结合杂文与议论文在论述方法上的差异思考比喻论证、类比论证的优势与不足。培养学生分析质疑,多元解读,积极思辨的能力。

于是我给这篇课文设计了以下几个教学目标:

(1)通读课文,理清课文阐述"拿来"主张的推理形式。

(2)回顾类比论证、比喻论证的基本知识,分析讨论课文中的类比论证、比喻论证,认识类比论证、比喻论证的利弊。

(3)学习理解课文说理时犀利诙谐的语言艺术。

具体的学习任务有:

(1)通读课文,理清课文阐述"拿来"主张的推理形式。

(2)复习(学习)归纳推理、演绎推理的逻辑知识。

(3)从课文中分别找出典型的例子,分析类比和比喻的方法在阐发观点上的作用。

(4)复习修辞与论证的相关知识,讨论比喻论证、类比论证的利弊。

(5)复习(学习)杂文与议论文的知识,理解杂文与议论文说理方式的共同点与区别。

(6)学习理解课文说理时犀利诙谐的语言艺术。

(7)课后阅读同样是针对《大晚报》的报道的同时代的另一位作家梁实秋的《文化的自信力与夸大狂》,比较其与《拿来主义》的不同行文风格与论证方式,写一篇800字的读后感。

2021年10月6日,我用这个设计在昆明官渡一中借班上课时尝试了一下,总体上说行得通。但我们都知道,由设计到教学是一个漫长的过程,在这个过程中一个重要的制约因素是学情,此外还有学习的环境。总体而言,课堂上学生的表现很棒。

学生进场后,我了解到他们课前没有预习,于是要求他们利用上课前几分钟将课文读两遍,想想有没有什么问题。扫视后发现他们读是在读,但课本上没留下任何痕迹,于是要求每人提三个问题,但上课时间一会儿就到了,只发现两个学生提了问题。于是这堂课就从这两个学生的分享开始。这两个学生的问题很有质量。一个同学谈的是,她看了课文找到了一些关键词"闭关主义""送去主义""拿来主义",主要采用了比喻论证与类比论证,思路相当清楚,但他对比喻论证不怎么理解。另一个同学说,课文论述的是"拿来主义",为什么要谈"闭关主义""送去主义",还专门谈了课文第8段的比喻论证,说自己知道"大宅子"是指传统文化,但认为"姨太太"比较抽象,不能理解。还认为"烟灯""烟枪"是指外来的工业技术。我在肯定阅读要关注关键词、关键句的基础上,问了学生这样两个问题:(1)文章的思路是不是如刚才的同学所说?文章的主要论证方法是不是比喻论证、类比论证?(2)"烟灯""烟枪"是指外来的新技术吗?第一个问题的答案全班是一致的,于是我给学生呈现了选择性必修上册第四单元"学习活动"中的文字:

"或者闭关,或者送去,或者等别人'送来',或者自己去拿(当时没有其他选择）；

  不能闭关，不能送去，不能等别人'送来'；

  只有自己去拿。"

  在此基础上，我追问学生，关于这篇文章的逻辑推理要不要讨论（学生的回答是不要）。"烟灯""烟枪"是不是指外来的工业技术？有一个同学站起来说不是，是指外来文化中毫无作用的部分。但认为"烟灯""烟枪"是指外来的工业技术的学生表示部分接受，还是坚持也包含外来的新技术。至于"姨太太"，我告诉他们，就是"小老婆"。

  接下来，我组织学生阅读了单元导语、"学习提示"（并跟学生说，在学习课文的时候，一定要认真阅读单元导语、"学习提示"等），请学生谈了单元导语、"学习提示"的主要内容，并请学生注意这样一些句子："要准确把握作者的观点和态度，关注作者思考问题的角度，学习他们有针对性地表达观点的方法；学会发现问题，从合适的角度以恰当的方式阐述自己的看法。""这篇文章将不同现象进行归类，直接予以批驳，确立自己的观点。阅读时，梳理和把握论述的脉络层次，学习破立结合的写法，感受文章蕴含的批判力量。作者善于运用比喻来证明观点，阐述自己的主张。找出文中比喻论证的例子，分析作者是怎样有效地进行论证的，体会比喻论证的表达效果。"接着请学生讨论：就一个课时，我们能干什么。学生一致表示，就研讨比喻论证和类比论证。

  尽管学生认为《拿来主义》的推理不需要再讨论了，我还和学生共同回忆了推理的两项十分重要的分类：（1）归纳推理，也就是从各种个体事实中推论出普遍真理。譬如，张明是高一（1）班的，李思是高一（1）班的，王亮是高一（1）班的；于是可以从上面的事实得出"他们三个都是高一（1）班的"的结论。（2）演绎推理，也就是从普遍真理中演绎出各种个体事实。归纳推理是从个体现象中发现普遍规律。从"每个人都会死亡"这个事实中，我们发现了一条普遍真理——"所有人都会死亡"，或者通过大家都看到的"冰在一定温度下会融化"这一事实，我们推断出"在一定的温度下，所有的冰都会融化"。从已知到未知，这是归纳推理所要做的。归纳推理重在综合过程。它的目的就是从个别中探索出普遍规律。演绎推理是在普遍规律下分析个体现象。于是我们推论出，如果所有人都要死亡，那么约翰·斯密斯作为一个个体的人，肯定也会死亡；或者如果所有冰在一定温度下都会融化，那么接下来我们把一块选定好的冰块放置在特定的温度下，这块冰也将融化。因此，演绎推理重在一个分析过程。所以，"或者闭关，或者送去，或者等别人'送来'，或者自己去拿（当时没有其他选择）；不能闭关，不能送去，不能等人'送来'；只有自己去拿"这个推理过程是严密的，条理是清楚的。

　　在讨论比喻论证和类比论证前，我请学生回忆了论证的相关知识。简单地说，论证就是用某些论据去支持或反驳某个观点。具体而言，论证是探究问题的一种方法。就如《好好讲道理：反击谬误的逻辑学训练》一书中所说，"'进行论证'意味着拿出一组理由或证据来支持一个结论。论证不仅仅是表达观点，也不仅仅是争论。论证是用理由去支持某些观点的过程。""论证和表达个人的意见不是一回事，好多人不知道这个道理。我们征询对方对某事的看法，但对方往往只是简单表述其意见，从不提供相关的论证过程。"我提醒学生注意：论证要有完整的、严密的论证过程。诚如《论证是一门学问》的作者安东尼·韦斯顿所说："好的论理可以提供说服别人的证据，证明某种主张的真实性或者'合法性'。""只有得到证据支持的观点，才能成为论断。""论证和表达个人的意见不是一回事，好多人不知道这个道理。我们征询对方对某事的看法，但对方往往只是简单表述其意见，从不提供相关的论证过程。"然后，我说诚如学生所言。《拿来主义》用"大宅子"比喻文化遗产；"孱头""昏蛋""废物"比喻三种对待文化遗产的错误观点和态度；"鱼翅""鸦片""烟枪""烟灯""姨太太"比喻文化遗产的几个组成部分；"占有""挑选""创新"用来说明批判、继承文化遗产的三个步骤。形象生动，层次清楚。我有一个问题，学生觉得比喻属于论证方法还是修辞方法？为了帮助学生思考和讨论，我给他们呈现了吴礼权在《现代汉语修辞学》中的一段文字："所谓'修辞'，就是表达者（说写者）为了达到特定的交际目标而应合题旨情境，对语言进行调配以期收到尽可能好的表达效果的一种有意识的、积极的语言活动。"

在学生讨论的基础上,我明确了这样的认识:从修辞的角度,"鱼翅""鸦片""烟枪""烟灯""姨太太"比喻都是为了形象地说明与"孱头""昏蛋""废物"截然不同的"拿来主义"者。但从论证"意味着拿出一组理由或证据来支持一个结论"来看,这些比喻并不能论证什么。比喻论证其实是一种解释而不是阐释,在论证时,是一种把道理通俗化从而便于理解的方式。它本身并不是道理的内在组成部分,比喻论证的主要作用是便于听的人接受。喻体终究不是本体,并不具有可验证的价值。尽管比喻论证用人们熟知的事物作比喻来论证观点的正确,并使论证生动形象、浅显易懂,可以让读者以不同的眼光看待事物。但从逻辑的观点看,不属于严格的论证。接着,我呈现了鲁迅先生对自己杂文的一段解说:"说的自夸一点,就如悲喜时节的歌哭一般,那时无非借此来释愤抒情……名副其实,'杂感'而已。"(《华盖集续编》小引)提醒学生注意,鲁迅自己认定他的这些文字是"杂感",是"悲喜时节的歌哭",是为了"借此来释愤抒情"。如此,我们也就可以理解,为什么《拿来主义》会用比喻论证了。

《20世纪中国杂文史》这样介绍杂文这一文体:"杂文是以议论和批评为主的杂体文学散文;杂文以广泛的社会批评和文明批评为主要内容,一般以对假恶丑的揭露和批判来肯定和赞美真善美;杂文格式笔法丰富多样,短小灵活,艺术上要求议论和批评的理趣性、抒情性和形象性,有较鲜明的讽刺和幽默的喜剧色彩。"《大辞海》这样诠释杂文:"杂文,散文的一种,是随感式的杂体文章。一般以短小活泼、犀利为其特点。内容无所不包,格式丰富多样,有杂感、杂谈、短评、随笔、札记等。中国自战国以来诸子百家的著述中多有这类文章。'五四'以后,经鲁迅等人努力,成为一种直接而迅速地反映社会现实生活或表现作者思想观点的文艺性论文。它以思想性、论战性见长;艺术上,言辞机警,行文情感饱满,常借助形象比喻来议论人或事,有强烈的批判性和思想震撼力。"可见,杂文不是文章学范畴的议论文,更多地属于说理性散文。既如此,用比喻来论证"拿来主义"也就无可厚非了。

但是,从议论文的视角考虑,我还是建议学生在说理的时候,尽可能少用比喻。《辞海》这样给议论文下定义:"文体的一种,用于论事说理或陈述意见。"我们今天所说的议论文实际上是这样的：议论文，又叫说理文，是一种剖析事理，论述事理，发表意见，提出主张的文体。作者通过摆事实、讲道理、辨是非、举例子等方法，来确定某观点正确或错误，树立或否定某种主张。议论文具有观点明确、论据充分、语言精练、论证合理、逻辑严密的特点。

至此，关于比喻论证的讨论就告一段落了。毕竟是借班上课，对学生的情况只能凭直觉，所以，我在这堂课前面10分钟花了不少时间跟学生一起分析了单元导语、"学习提示"等助学系统。共同讨论了助学系统给我们的学习提出了哪些要求，然后确定了这堂课的学习目标，类比就只能用"尼采"来直接教学了。

谈到《拿来主义》，一直以来也普遍认为"当然，能够只是送出去，也不算坏事情，一者见得丰富，二者见得大度。尼采就自诩过他是太阳，光热无穷，只是给与，不想取得。然而尼采究竟不是太阳，他发了疯。中国也不是，虽然有人说，掘起地下的煤来，就足够全世界几百年之用。但是，几百年之后呢？几百年之后，我们当然是化为魂灵，或上天堂，或落了地狱，但我们的子孙是在的，所以还应该给他们留下一点礼品。要不然，则当佳节大典之际，他们拿不出东西来，只好磕头贺喜，讨一点残羹冷炙做奖赏"是很好的类比论证。不错，按照我们普遍的认知，如果一个论证用两种事物之间熟悉的相似点作为基础，推导出关于其中一种事物的一个未知特征的结论，这样的论证就叫作类比论证。对照这个认知，我们也普遍介绍了这样的解释：尼采不是太阳，也没有无尽的光和热，类推到中国也不是太阳，也没有无尽的光和热，不可能一味地给予，除非中国像尼采。那么类比论证是不是一种严格的逻辑论证呢？

我和学生说"尼采就自诩过他是太阳，光热无穷，只是给与，不想取得。然而尼采究竟不是太阳，他发了疯"这一类比，不妨换个视角推导一下：

尼采是人，人会因为某种原因精神失常，所以尼采会发疯；有些星球会因为某些原因而爆炸，太阳是星球，太阳可能会爆炸，但不会发疯；

文化同样不可能发疯，文化是人类社会相对于经济、政治而言的精神活动及其产物，任何产物都可能发生改变，甚至会消失，所以文化会发生改变，也可能消失。

我说，从论证的立场看，任何系列事件的每个环节，都必须以独立论证（有相关而适当的证据支持）加以呈现。

至此，下课时间也到了，我给学生布置了"课后阅读同样是针对《大晚报》的报道的同时代的另一位作家梁实秋的《文化的自信力与夸大狂》，比较其与《拿来主义》的不同行文风格与论证方式，写一篇800字的读后感"的作业。

我个人一直认为研讨会之类场景下的教学就是带有表演性质的，这样的课，有个功能就是要让听课的教师看看执教教师的教学设计，并从这样的设计中得到某种启发（正面的或者负面的），执教教师固然必须具备学生立场，但一定要兼顾听课的教师，所以，我总会同前来为会议提供现场的学生说，希望能够共同合作表演好。我设计这类课，总有一个目的，那就是让听课的教师看到我是怎么研究教材的，又是怎么确定教学目标的。这类课虽然预设会比平时考虑得更多，但这也是这种场合上课的弊端，既然确定了目标，过程与目标总要一致，以示"完整"。这堂课主要是上给教师看的，看如何研究课程标准、教材，如何满足学生的需求。课程标准要求鼓励学生重视批判性思维的提升，教材的单元导语要求"学会发现问题"，"学习提示"要求"体会比喻论证的效果"，教学设计要立足于学生的学，要遵循课程标准与教材的要求，还要兼顾具体的教学情境。一个课时，如何抓住重点、突破难点，是我重点考虑的问题，但能不能达成目标，更多地还要看教师如何在课堂上顺势而为。

如果是两个课时，接下来关于类比论证的讨论，我的设计是给学生呈现《学会提问》的作者尼尔·布朗和斯图尔特·基利两个类比论证的例子：（1）"根本没必要害怕互联网会让报纸和杂志统统消失。不管怎么说，冷冻快餐的风行也并没有让下厨烧饭这个传统消失嘛。"（2）"作为教育工作者，早点

'清除'掉问题学生并处理好他们带来的问题是很重要的，因为一枚臭鸡蛋往往会弄糟一整块鸡蛋饼。"乍一看，非常有说服力。然后提问，果真吗？在学生思考讨论的基础上，再向学生提供《学会提问》的作者的具体分析，帮助学生发现类比论证的不足。"（第一个例子）冷冻快餐和互联网都能更快捷更容易地完成复杂而又耗时的任务。阅读杂志和报纸却不太可能提供烹饪美食大餐那样的乐趣。"也就是说，尽管冷冻快餐和互联网都具备"能更快捷更容易地完成复杂而又耗时的任务"的相似性特点，但"阅读杂志和报纸却不太可能提供烹饪美食大餐那样的乐趣。"冷冻快餐和互联网终究与阅读杂志和报纸不是一回事。"（第二个例子）教室环境里学生之间的互动非常复杂。任意一个学生对班集体可能带来的影响并不能轻易地确定，正如班集体对单个学生可能造成的影响也很难预测。相反，一个臭鸡蛋却肯定会毁了任何用它做原料的食品。同样，把人类当成永远不变的物体，像臭鸡蛋那样不可能成长和改变，这也大有问题。"

　　然后进一步讨论我们为什么在说理的时候习惯用类比。并告诉学生，关于这个问题可以从《表象与本质：类比，思考之源和思维之火》中找到答案。《表象与本质：类比，思考之源和思维之火》的作者侯世达和桑德尔认为："当我们遇到一个复杂的新情况时，若想通过与某个已知概念作类比而准确把握新情况的本质，那就必须对该情况有着深刻而又全方位的理解，这比给新情况里我们所熟悉的各个小部分简单地贴上标签要难得多。""由于X和Y这两件事非常相似，所以当Y发生时联想到X，就像是绊了一跤就会摔倒一样……""通过类比来唤醒以往的记忆似乎非常接近人类的本性，因此我们很难想象没有类比的心理活动是什么样的。"可见类比是一种心理活动，一种思维方式。《身边的逻辑学》的作者伯纳·派顿也明确指出："类比绝不能作为支持理论或判断的唯一工具。类比可以用来说明已确立的事实，或是协助确立一连串的思想或可行的假说，但类比的功用仅止于此，不应过度延伸。"同时，作者还说，错误类比是一种思考错误，因为它使我们远离真理走向错误。没有任何事例可以让人在未对个别事件做独立因果研究前，就能假定某事件自然能导致另一事件或一连串事件的发生。如此，则可以引导学生讨论类比论证是不是好的论证，或者想一想如果要用类比论证有没有更好的类比呢？

我这样的设计，未必是好的设计，但这个设计是基于我对学习任务群教学是"以学习为中心的语文课程教学实践，是一种真实情境中的探究学习与项目学习；在教学设计上倡导基于'语文核心素养'的大单元设计"的理解的。我理解的大单元设计并不是狭义的群文阅读教学设计，或者过去的单元教学设计，而是理解为在课程标准提出的学习任务群的框架中，从一个具体的学习任务群的整体框架出发设计教学，可以是一组文本，也可以是具体的一个文本，但都必须紧扣这个学习任务群的目标任务。从项目学习的形式来讲，我以为探讨比喻论证和类比论证的优劣就属于课程内的微项目学习。

补充说一下我对"大概念"教学的理解。因为课标就没有讲清楚什么是"大概念"，也没有提供示例，我只不过是根据《追求理解的教学设计（第二版）》所说的"大概念就是一个概念、主题或问题，它能够使离散的事实和技能相互联系并有一定意义。下面是一些例子：适应；形式和功能在系统中是如何关联的；数学中的分配律；通过有用的模型来解决问题；定义正义所面临的挑战；作为作家或演说家关注观众和目的的需要"的意思自己揣摩。

要理解"大概念就是一个概念、主题或问题，它能够使离散的事实和技能相互联系并有一定意义"，关键在如何理解"离散"与"相互联系并有一定意义"。简单地说，离散的意思就是不连续。一般学的数学的数据范围都是连续的，比如初高中那些函数，通常都说在某某区间内。而离散数学就是不连续的数，比如：1和2，中间的如1.1，1.11，1.1111等数都没有连续。语文中学科的不连续是最为特出的，譬如教材的同一个单元的课文就是"不连续文本"。但本单元的学习要求是："学习本单元，以'学习之道'为核心，通过梳理、探究和反思，形成正确的学习观，改进学习方法，提高学习能力。要准确把握作者的观点和态度，关注作者思考问题的角度，学习他们有针对性地表达重点的方法，学会发现问题，从合适的角度以恰当的方式阐述自己的看法。""学习之道"在这里就是大概念，或者说就是通过"学习之道"将这个单元的课文整合起来的，教学设计及教学就要围绕"学习之道"来思考与组织。其意义就在引导学生"通过梳理、探究和反思，形成正确的学习观，改进学习方法，提高学习能力"。至于如何从具体的课文中学习"学习之道"则需要我们依靠自己的个人认知去定位，去引导学生思考。我的认知告诉我《拿来主义》可以从"思辨性阅读与表达"出发来设计与实施。但这只不过是"学习之道"中的"一道"。

《追求理解的教学设计（第二版）》中"发现大概念的更多建议"提出了发现大概念的五个建议，我们不妨对照着想想。

"1. 仔细研究内容标准。许多标准陈述或者暗示了大概念，尤其是在内容标准列表前面的描述性文本中。"譬如高中语文课程标准的学习任务群 6 是"思辨性阅读与表达"。我们可以看"教学提示"："（1）以专题性学习为主要方式。选择日常生活和学习中、历史或当今社会中学生共同关心的话题，要求学生通过阅读与鉴赏、表达与交流、梳理与探究等语文学习活动，阅读古今中外典型的思辨性文本，学习并梳理论证方法，学习用口头与书面语言阐述和论证自己的观点，驳斥错误的观点。"

"2. 在标准文档中，圈出反复出现的名词来强调大概念，圈出反复出现的动词来确定核心任务。"譬如高中语文课程标准的学习任务群 6 是"思辨性阅读与表达"。在"学习目标与内容"的表述："（3）围绕感兴趣的话题开展讨论和辩论，能理性、有条理地表达自己的观点，平等商讨，有针对性、有风度、有礼貌地进行辩驳。"我以为其中的"讨论""辩论""理性"等词语就是值得关注的。

"3. 参阅现有的可迁移概念列表。"譬如高中语文课程标准的学习任务群 6 是"思辨性阅读与表达"。在"学习目标与内容"的表述"（1）阅读古今中外论说名篇，把握作者的观点、态度和语言特点，理解作者阐述观点的方法和逻辑。阅读近期重要的时事评论，学习作者评说国内外大事或社会热点问题的立场、观点、方法。在阅读各类文本时，分析质疑，多元解读，培养思辨能力"中的"分析质疑""多元解读""思辨能力"这几个关键性词语必须引起我们的重视。

"4. 对主题或内容标准提出以下一个或多个问题："

我提出的几个主要问题是：

本单元是谈"学习之道"的，《拿来主义》属于"学习之道"的范畴吗？如果是，理由有哪些，如果不是，又有什么依据？

尼采不是太阳，煤也不是文化，用尼采与煤跟中华传统文化类比合适吗？

文中涉及的古画和新画以及京剧，属不属于中华文化？如果属于，那么是精华，还是糟粕，还是两者并存？

"送来"的全是外国文化中的糟粕吗？"自己拿来"的一定全是外国文化中的糟粕？这两者存在不存在"精华"与"糟粕"并存的状况？

"所以我们要运用脑髓，放大眼光，自己来拿！"去掉"运用脑髓""放大眼光"行不行，为什么？

从逻辑的视角看，比喻论证、类比论证是严格的论证吗？为什么？

"5. 从相关且有提示性的一对词组中产生大概念。这个实用的方法具有两个优点：(1) 它表明必须进行各种探究（例如，比较和对比）；(2) 为了让学习者理解这些概念并发现它们的有用性，该方法建议学习者要不断反思。"关于这一点，我以为我前面已经说得很清楚了。

如何就"事"说"理"

实际生活中如何就"事"说"理"不是一件简单的事情,因为事实背后有许多被遮蔽的东西。言说者,如果不讲究学理,会给读者带来怎样的误导呢?行事为文如果只谈立场正确与否,不谈是否合乎学理,那么谁都可以只要觉得对方的立场不正确,就可以杀了他吗?显而易见这是法律所不允许的。"在伦理上情感很重要",但并不意味着我们"应该感情用事",须知,"道德判断通常涉及原则和情感之间的平衡,所以保持情感和慎思处于健全的工作状态至关重要"(布鲁斯·N·沃勒《优雅的辩论:关于15个社会热点问题的激辩》)。

几年前,有这样一篇文章从批评名校"掐尖"现象入手,呼吁教育公平与教育均衡,其立场不能说不正确。但从就"事"说"理"的视角来看会发现有不少值得商榷的地方。如文中反复出现的"所有一流医院收治的都是最难治的病人,而几乎所有一流的中学招收的却是最好教的学生"这句话。事实又是如何呢?这些年不少地方对高中热点学校招生有一定的控制措施,比如招生人数中有少则30%左右,多则70—80%是按一定标准分到学区内相关初级中学的,这30%或70—80%算"掐尖"呢,还是不算?而初级中学的热点学校,则基本必须按规定划片招生,违规的"掐尖",必须在完成片区内的招生任务的基础上进行。以上情况能说"所有一流的中学招收的却是最好教的学生"吗?再说是不是"所有一流医院收治的都是最难治的病人"呢?"一流医院"真的除了难治的病人其他病人就不收治了吗?恐怕也未必。

任何事情都不是绝对的,"一流医院"一样会收治普通病人,"一流学校"里同样有"难教"的学生。"好教"与"难教"与学校的"一流"与"非一流"的关系大,还是与学情(除非我们将学情等同于生源)的关系大?不同的学生有不同的状况,"一流学校"照样有"难教"的学生,教学的复杂性就在这里。实际教学中优秀生未必比后进生容易教。一定要比,至少教优秀生的教师学历层次要求更高。给成人进行扫盲教学小学程度就够了,教小学奥数的有中学学历也不一定能教好。

再说"一流"与"好教"的标准是什么?我国医院是依据《医院分级管理标准》从医院功能、设施、技术力量等对医院资质进行评定,经过评审,确定医院等级,全国统一将医院分为三级,每级再划分为甲、乙、丙三等,其中三级医院增设特等,共分三级十等。而我国中小学现在似乎没有统一的分等标准,20世纪,中学有重点中学与普通中学之分,小学有示范与非示范之分,但各省有各省的标准,这些年对中小学的验收评估据说有所控制,但似乎花样更多,标准也不一,尤其是质量上,很难有一些可见与可量化的标准。从作者的行文中可以看出,他所说的学校"一流"与"非一流"基本上是"以分数论英雄,以升学论成败"。这样的标准与"一流"医院的《医院分级管理标准》是不是可以相提并论呢?

所谓"一流"学校其实只是大众的一种说法,这种说法不可否认也有"以分数论英雄,以升学论成败"的成分,但就具体的个体而言,则各人有各人的标准甚至臆测,但家长与学生选择学校时未必都会"以分数论英雄,以升学论成败"。"好教"学生中的"好教"大抵也是这样。就"事"说"理"需要提醒自己:"在可见的事实背后,有时似乎还隐蔽着成百上千种看不见的原因。可见的社会现象可能是某种巨大的无意识机制的结果,而这一机制通常超出了我们的分析范围。"(古斯塔夫·勒庞《乌合之众:大众心理研究》)万不可为"诉诸怜悯,以此争取特殊待遇"与"诉诸群体情感"而以偏概全,而要"向着可能性最大的解释努力",因为"事件发生的概率或许至关重要"(安东尼·韦斯顿《论证是一门学问》)。

或许有人会说,此文其实就是一篇随笔,没有必要如此较真。那么要讨论的是:随笔是不是可以不讲逻辑,不要章法?要弄清楚这个问题就要搞明白什么叫随笔。随笔,亦称杂文,是散文的一个分支,是议论文的一个变体,兼有议论和抒情两种特性，通常篇幅短小，形式多样，写作者惯用各种修辞手法曲折传达自己的见解和情感，语言灵动，婉而多讽。如果承认随笔"兼有议论和抒情两种特性"的话，恐怕就不能不较真了。用来论"理"的"事"就要"向着可能性最大的解释努力"，而"论"就必须遵循行一定的"文理"——行文结构、论证方式、修辞手段等。就"所有一流医院收治的都是最难治的病人，而几乎所有一流的中学招收的却是最好教的学生"这句话以及整篇文字来看，作者是将"一流学校"与"一流医院"，"最难治的病人"与"后进生"相提并论了。

这样的相提并论是不是可以？

"一流学校"与"一流医院"表面看来相似点还是有的，如学校与医院都是关乎公益的事业单位，学生与病人都是人，病人要找医院，学生要找学校。但如果从各自的功能与需求来分析一下，就可以明白这样简单的类比是值得商榷的。第一，医院治病，但教育不治病，教育是健康自然地生长；第二，医院治病靠的是科学技术仪器、药物等，教育虽然也依赖技术，但它还是艺术，需要尊崇理性；第三，医院只涉及身体或身体的某一部分，和灵魂无关，教育关乎人的精神生长，具有不可逆性；第四，医院更多地是直接改变机体的一些状况，教育的作用在很大程度上是影响，必须通过本人内在特质允许实现部分改变；第五，医院对医生的评价相对单一，着眼于病人机体的恢复状况，教育评价则复杂得多，是一个长期过程，标准更是多元。

如果以"以分数论英雄，以升学论成败"来衡量是否是"一流学校"，或用"只要能提升普通学生和后进生"的标准来判断是不是"真正的优秀教师"。那么好学校的教师就应当教后进生，普通学校的教师或普通教师就要教优秀生。这样的期待是不是可能实现呢？

"类比论证的第一个前提是提出一个与用于类比的例证有关的命题"，并"确定这个前提是正确的"，第二个前提是"断定第一个前提中的例证与论证本身所讨论的这个例证类似"（安东尼·韦斯顿《论证是一门学问》）。更需要明白的是这种方式，在某些情况下，有时无法获得更确切的论据。

将医院与学校类比如果靠谱，那么"后进生"就相当于"最难治的病人",如果"后进生"是"病人"的话,那么能教"后进生"的教师就是好教师,收治"最难治的病人"的医院就是"一流医院",能收"后进生"的学校就是"一流学校"。那么带刘翔要比带少体校学员容易,好的科学家应该去农机站工作。

实际的情况是找医院问医生的一般是有病的,或者觉得自己有了病。学校是育人的,来学校的学生一般而言是健康的,当然也不排除那些特殊儿童的心智问题与极个别学生的品德有问题(不过特殊儿童与一般的病人又不是一回事,特殊儿童大多是智力方面的,病人一般是身体某个方面出了问题的)。总体而言,学生到学校是学知识,增智能的。"最难教的学生"类比"最难治的病人",类比点可能在"难","一流学校"类比"一流医院","最好的医生"类比"最好的老师",其类比点大概在"治"。那么收治这类"患者"的学校,恐怕就是培智学校(或者是特殊学校)和工读学校了。试问这两类学校是不是作者心目中"一流学校"?

针对此文的观点,魏忠博士讲了诺贝尔奖得主弗农·史密斯的一个实验:给你100元钱,有两个选择,一个是继续赌博下去,获得200元或者一分钱没有,一个是直接拿100元钱走人;如果拿到200元,再继续是400元继续赌,还是200元钱直接走人。

魏忠先生是这样分析的:看病面对的是风险决策,风险是确定的,收益是不确定的,所有的风险自己不能控制,可能都集中在医生那边,这个时候,病人就像赌徒。而人面对求学时,虽然在中国也是恐惧绑架着教育,然而风险却是未知的,收益也是未知和不确定的,人们对教育所要求的回报,有点像这个实验,投入多少,有多大所得,因人而异,但只是参数不同,人们都会见好就收的,也就是说人和人的不同仅在于赌几次,不存在实验进行永远不会结束。

此文作者认为,破解"所有一流医院收治的都是最难治的病人,而几乎所有一流的中学招收的却是最好教的学生"这个难题"也许是中国基础教育走向优质均衡发展的希望所在"。但世间根本不存在绝对的公平与均衡,教育上经费、设施或许可以,至于师资水平等软件什么的恐怕没那么简单,如果教育公平与均衡要"向着可能性最大的解释努力"的话,关键是变革现有的招生框架,还个人与学校的选择权——学生能自由选择学校,学校也能自由选择学生。

就"事"说"理",要注意尽可能在学理分析的基础上推导出"正确的结论",以避免陷入"立场正确"什么都正确的思维框架。"务必要注意我们深刻的道德情感有时会被严重误导",尤其是,我们在言说时,要"从一个公正的观察者的视角来分析自己,看看什么情绪会被激起",努力使自己"从一种不会被任性的激情驾驭的视角"(布鲁斯·N·沃勒《优雅的辩论:关于15个社会热点问题的激辩》)来就"事"说"理"。

附:"如何就'事'说'理'"课堂实录

2016年暑期,我用上面提到的那篇文章,在上海给高一的学生上了一堂作文指导课,效果还不错。下面是课堂实录。

时间:2016年8月7日。

地点:上海师范大学附属中学学术报告厅。

班级:高一志愿者临时组合班级。

执教:凌宗伟。

整理:季 勇。

审核:凌宗伟。

凌宗伟:感谢你们今天配合我来表演,公开课就是表演。我们相互认识一下,知道我是谁吗?凌宗伟。知道我为什么要让你们做这个东西吗(指学生桌上的席卡)?不知道?这是我向台湾地区的一位教师学习的。因为公开课上师生间比较陌生,我们认为喊人的名字是对人的尊重,所以想通过这种方式来认识一下大家,大家觉得有没有道理?那么下面我们就来上一堂课,先看演示文稿,演示文稿上有两张图片,大家看到过没有?看到过。我们如何来看这样的问题,试一下?我们如何看待这样的问题?这个同学。

女学生1:我觉得网上有很多人讨论这件事情,是有关于爱国热情和(方式)激化有一些矛盾,过多的爱国热情是有点不一致的。

凌宗伟:你觉得叫大家不吃肯德基?

女学生1:我觉得肯德基品牌本身没有错。

凌宗伟:应该是无辜的。有没有想到更深的东西,如果大家都不吃肯德基,会出现什么问题?

女学生1:首先是食品供应商和某一个厂家。

凌宗伟:可能会受影响,还有什么会受影响?

女学生1:各个产品供应方、销售方。

凌宗伟:销售方吗?没想过?王成轩同学,我看上一堂课你表现很好。

王成轩:我觉得肯德基给了中国(人)许多就业岗位,但是如果大家都不去(肯德基)吃,它如果倒闭的话,有一部分人就要失去工作了。

凌宗伟:损失的是什么?

王成轩:其实最后损失的还是中国人自己。

凌宗伟:最后损失的还是中国人自己,有道理。我想跟大家分享一下英国哲学家卡尔·波普尔的一段话:"通过批判其他人的理论或猜想——如果我们能学会这样做的话——通过批判我们自己的理论与猜测。(后一点是非常需要的,但并非不可少的;因为如果我们未能批判自己的理论,那也会有别人来替我们这样做。)"我想请一个同学说说如何理解这句话。陈雨桐同学。

陈雨桐:我觉得通过批判他人的理论和猜想,可以帮助我们,让我们逐渐养成一种思辨性的思维,不是别人说什么我们都赞同,而是要学会发表自己不同的观点。

凌宗伟:大家同意不同意?史杰同学。

史杰:我跟他的意见差不多,就是自己要学会批判自己的思维,因为有时候自己的思维也会有漏洞。

凌宗伟:我们思辨批判自己的思维,其实更多地应该是重新审视自己,审视自己固有的认识,当然我们在审视别人的时候,我们是简单地谈所谓的对与错,一定把道理讲清楚,我们今天就来谈这个话题好不好?

昨天老师已经把要批判的文本发给大家了(附后),我想大家应该读过,

读的时候我没有设置任何问题,现在请大家迅速地浏览一下,思考一下演示文稿上的五个问题,

① 一流医院只收最难治的病人,一流学校只招最好教的学生吗?
② 何为"一流",何为"好"?
③ 医院与学校有可比性吗,为什么?
④ 你觉得,要解决名校"掐尖"的问题,关键在哪里?
⑤ 从你所具备的知识出发,就"事"说"理"需要注意些什么?

然后我们大家来交流,好不好?选择你有想法的,或者阅读的时候发现的(问题)进行思考,也可以先相互之间交流,不要这么拘谨,你们拘谨我也拘谨。想好了可以在笔记上写上关键词。

(学生思考、交流)

整理者提示:(③医院与学校有可比性吗,为什么?)

凌宗伟:好,胡阳同学第一个发言。

胡阳:我觉得拿医院与学校比是非常不好的!医院是国家给公民治疗疾病的,学校是为了让优秀的人更加优秀,成为国家的栋梁。我在这篇文章中看到他有提到教育的改革,让最好的学校教最差的学生,但这样做应该是有问题的。孩子不一定要接受最好的教育,但要有最切合的教育。现在德国的教育方式就是这样,如果这个孩子没有这个学习能力的话,就会培养他的职业能力,进行职业教育。

凌宗伟:你很厉害,为什么说你厉害!你竟然知道德国的中小学采用分层教学,你也认为一流医院和一流学校相比较非常不契合!

整理者提示:(②何为"一流",何为"好"?)

凌宗伟:我想问一个问题,你们上海师范大学附属中学是不是一流学校?

学生(齐声):是。

凌宗伟:是不是?是!那上海师范大学附属中学跟复旦大学附属中学相比,是他们强还是你们强?

学生(齐声):我们。

凌宗伟:对了,很自信!学校是不是一流,有没有一个标准?

学生（齐声）：没有。

凌宗伟：我如果问复旦大学附属中学是不是一流学校，我们想想他们怎么说？

学生（齐声）：我们也是。

凌宗伟：当然我们也是一流。我再问第二个问题，一流医院有没有一个标准，比如中山医院，再比如浦东医院，谁是一流？

学生（齐声）：都是一流。

凌宗伟：都是一流，好，我们把这个问题搁下来。有没有同学要给胡阳同学补充的或者意见跟胡阳同学相左的，有没有？马跃达同学。有意思了。

马跃达：我个人认为，要鉴别一流医院和一流学校，应该看他们（病人）出院之后怎么样，（学校）招进来的学生（要看）他们走出校门后怎么样。

凌宗伟：你（是说）不只是看当下，而是（还要）看他的未来，比如现在上海师范大学附属中学是一流学校，但究竟是不是一流，还要等到读完大学以后，看这些同学走向（社会）怎么样，是不是这个意思？

马跃达：有这个意思。我觉得就是要看学生的素质是不是被这个学校培养好。这是学校一流的标准。

凌宗伟："有这个意思"，"有这个意思"的潜台词是什么，就是还有别的意思。还有别的意思吗？（魏一晨同学）。

魏一晨：我觉得，判断一个医院或者学校是否一流的标准是根据"目的"。学校的目的是培养优质的学生。那么优质的学生在我们普遍看来应该是分数与他考上的大学好坏否。医院是看出院病人康复的程度。这样，学校、医院我认为没有什么可比性，学校为了达到目的，他们必须要"掐尖"，他们必须要招收优质的生源才能达到他们的目的，就是这样的良性循环才能保证他们一如既往地像以前一样，越来越往上升。但是医院为了达到他们的目的，医院的目的和学校不一样，他们为了达到目的扩大社会声誉，他们收进来的不是最好治的病人，因为最好治的病人普通医院也可以治好，所以为了扩大他们的声誉，除了最好治的病人以外，他们肯定要收治患有疑难杂症的病人，只有治好别的医院治不好的，才能显现他们医院的优势，让病人想要到他们医院来就诊。

凌宗伟：长海医院、长征医院、中山医院收不收不是疑难杂症的病人？

魏一晨：收。

凌宗伟：你们这个班上有没有不是好学生？

魏一晨：应该有吧，还没有注意过。

凌宗伟：胡阳同学还想讲吗？

胡阳：我同意前面那个同学的观点。

凌宗伟：哪个同学？不要用"那个同学"来称呼别人。

胡阳：魏一晨同学的观点。一流医院、一流学校存在的目的不同，没有什么可比性。

凌宗伟：我刚才的问题是，何为好学生？

胡阳：按照现在这种观念，综合素质比较高，或者分数比较好就是一流学生。

凌宗伟：综合素质比较高，或者分数比较好。那么考试成绩不好，就不是好学生？

胡阳：这也不是，他在学业这方面可能比较差，但在其他方面比较好。

凌宗伟：你就是说，所谓的好学生没有一个明确的标准？

胡阳：按照现在的评价体制，应该都是分数。

凌宗伟：在现在的评价框架下，分数，大家同意不同意？我们刚刚看到文章里是不是讲的所谓好学生就是你说的标准，大家怎么看，文章里面是不是说好教的学生就是胡阳同学说的那个标准，就是考得好的学生？

胡阳：是的。

凌宗伟：是的？你刚才又讲了未必考得好的学生就是好学生，未必考得不好的学生就不是好学生，你刚才有这个意思吗？

胡阳：有。

凌宗伟：有的话，那这文章就有问题了。其他同学有没有补充？徐然同学。

徐然：我觉得，这个观点不仅有问题，这篇文章也有问题。因为作者在写这篇文章的时候是基于自己的潜意识,他觉得好学校里的教师都是好教师,不好的学校里的教师都不是好教师,因为第一页最后一句话他说优秀教师教优秀学生理所当然,第二句话是说一般学生没必要配这么优秀的教师,如果(联系起来)看(就有)一个问题,他的观点是说,什么叫优秀教师,这个优秀的定义到底是什么?

凌宗伟:我想问一下我算不算优秀教师?

徐然:我跟您接触时间不长,一时不好断定。

凌宗伟:很好。继续。

整理者提示:(①一流医院只收最难治的病人,一流学校只招最好教的学生吗?)

徐然:然后我觉得这个作者很激动,他一直觉得为什么优秀教师要教优秀学生,我一直很好奇他这个优秀的定义是什么,比如一些普通学校,那些学生可能问题很多,有些人可能天资比较聪明,但是不求上进,所以分数没考好,考到比较普通的高中,这时候教师要提起他的学习兴趣。有些人可能是一心向上,想要考一个好一点的大学,但是他可能天资比较笨拙,他们可能再怎么努力也很难提高一分,这时候教师要帮助他提高专业知识。所以优秀教师有很多综合原因,他涉及学生的方方面面,不能只是很片面地去看。比如第二点,一个校长跟一个青年教师说,你这么优秀却在那样的学校守着那样的学生,这个优秀是什么,你是名校毕业,还是你是高级教师?这样的教师特别优秀,你就不应该去很差的学校吗?你一定要教那些好学生吗?有很多去乡下扶贫的教师,那些农村的孩子他们基础也很薄弱,他们难道就不是好教师吗?他们的学生天资可能不是很好,但是这些教师有把他们送到城市,让他在原来薄弱的基础上(上)一个很大的台阶,难道这些教师就不是好教师吗?所以我质疑作者提出的观点。

凌宗伟:你的言辞如滔滔江水,我更敬佩的是,你读文章读得很细,你的每一个观点,都是来自文本当中具体的内容。我们跟别人说理的时候,一定要有理有据。请坐下,现在轮到你了。

整理者提示:(④你觉得,要解决名校"掐尖"的问题,关键在哪里?)

男学生1：我来说一下，我觉得可以从学校和医院两个方面考虑，把他们的区别说一下，医院和学校可比性很小。首先医院和学校的目标完全不可比，医院无论是小医院、大医院，还是差医院、好医院，目标都是相同的。病人恢复健康有统一标准参数。而学校完全不一样，针对不同学生有不同目标，如果他是有潜力的学生，学校可以把他培养成多方面综合性人才；如果他是在某方面特别有天赋的学生，学校可以把他培养成在某一方面特别有造诣的人才。

如果我们要谈这个"掐尖"问题，不如先从家长和社会观点入手，因为我们进行教育改革很大的因素是家长和社会的观点（关联的），他们认为一流学校和好学生的评价标准就是分数，我们可能跟他们讲那些道理，你这个学生要有理想和其他方面的造诣，他们认为这个可能都不重要，他们有比较偏颇的观点。他们觉得传统意义上的名校比较好，进去清华、北大以后一定有很好的结果。

凌宗伟：清华、北大出来的学生一定有很好的结果，这句话有没有问题？

男学生1：当然有问题，清华、北大出来的好学生即使比一般的学生结果更好一点，（也）是因为他们有思想层次更高的教师。解决名校问题的关键，我觉得，社会上对于一些普通学校的尊重是缺失的，就导致名校"掐尖"变得好像很合理一样。

凌宗伟：你为什么要用"好像"很合理，而不是用合理？

男学生1：因为确保这个观点的严谨性。

凌宗伟：用词严谨，加入一些修饰（语）。

男学生1：还有一个非常现实的问题，就是师资，如果我们的师资并不那么短缺，每一个学生都能得到应有的高质量的教育，我们还会纠结到底选哪个学校，到底怎样考试吗？如果师资问题解决了，很大程度上，这些问题也会跟着解决，目前的观点就是这样。

凌宗伟：我再补充一个问题，病人跟学生最大的区别在哪儿？杨毛毛同学。

杨毛毛：我觉得最大的区别是，病人如果治不好病就要失去生命，但是学生学习不好，还有别的出路。

凌宗伟：病人治不好就要死，学生学不好不会死，还可以继续活。金泽睿同学，不好意思，仝泽睿。

仝泽睿：我觉得治疗病人和教授学生的标准不一样，（给）病人治病，它的标准是病人获得健康，但是对学生讲课或者教授学生，对每个学生的标准不一样，比如，一个好学生来到一流学校，他在学习过程中的标准可以定得非常高，或者这个方面有一个其他的标准，但是如果一个普通学生，他的标准（就）不一样。因为每个学生的标准不一样，教师教的也可以不一样，如果达到这个标准，就是好教，如果没有达到这个标准，哪怕是好学生，考上一个好专业没有达到这个标准，那这个标准也是失败的，所以把病人和学生类比，不恰当。

整理者提示：（⑤从你所具备的知识出发，就"事"说"理"需要注意些什么？）

凌宗伟：其实我刚刚把仝泽睿同学喊成了金泽睿同学，什么原因？

韩泽睿：这种情况比较多，因为大家较少见到这个姓。

凌宗伟：我们往往会被自己的潜意识所牵动，我们在说话的时候要慎重，潜意识有时候很厉害。仝泽睿同学。

仝泽睿：我觉得，病人跟学生最大的区别是，病人对医院有选择权，大部分学生对学校没有选择权。

凌宗伟：有没有道理？病人有钱就有选择权，大部分学生即便家里有钱也选不到（他想上的学校）。张微同学。

张微：我觉得，一流医院只收最难治的病人，一流学校只教最好的学生有问题。因为如果一个病人患了癌症，但不是晚期，这个时期病比较好治，他不想让病情恶化，然后他到一流医院，医生说，对不起，我们不收你。

凌宗伟：只收疑难杂症，只收好学生，这样的想法，问题在哪儿？

张微：如果不收，可能好治的病到最后变成难治的病。

凌宗伟：我先要解决一个问题，语言表达上，只收一流学生，只收好教的学生和只收疑难杂症，这样的语言表达有什么问题，我们刚刚（上一堂课教师）在谈逻辑，这犯了什么错误？我已经提出问题了，是不是长征医院、上海医院、中山医院只收疑难杂症，是不是上海师范大学附属中学只收好学生？

男学生2：应该是以果推因，医院方面是以果推因。

凌宗伟：在医院方面是以果推因，在学校方面呢？以偏概全，既收疑难杂症，又收非疑难杂症，既有好教的学生，又有难教的学生，你现在说只收，是不是以偏概全？我们在讨论问题的时候要防止以偏概全，请坐下。下一个同学。

马越：我对第一个问题进行探讨，因为这个问题我昨天思考过，我最后思考的结果是这样的，我觉得，最难治的病人应该去一流医院，最好教的学生应该去好学校。

凌宗伟：最难治的病人要到一流医院，最好教的学生应该到好学校。

马越：我个人认为是这样。

凌宗伟：如果没办法选择学校呢？高中可以选择，初中、小学肯定不好选择，是划片（招生）的。你是不是有这个经验，你上小学、初中的时候，是不是想上哪所学校就上哪所学校？不是的。

马越：但是我觉得好学生应该选择好学校。

凌宗伟：为什么？有没有道理？也有一点道理。闫致远同学。

闫致远：我觉得这个类比本身有很大问题，首先这个作者可能把自己的情感架构在理性上，他并没有认真地考虑这个问题，他直接的问题是在讨论后面。

凌宗伟：他还真说过这句话，你不要跟我谈学理，我谈的就是老百姓看到的事实，他真说过。

闫致远：他可能就是关注老百姓，老百姓主要关注的是问题（掐尖），我想说的是，写这种文章最好是以客观的观点，理性的思维来评判。

凌宗伟：很好，请坐下。写文章第一个要理性，第二个要客观，还要讲点什么？不能以偏概全，不能以果推因，要讲点逻辑（板书：客观、理性、逻辑）。如何就"事"说"理"？要避免，立场正确，什么都正确的思维框架，其实我们闫致远同学刚才已经讲了。这篇文章出来以后，我们江苏有一位特级教师，很有名的吴非老师，就对这篇文章提出了批评。这个批评文章出来以后，此文的作者就在第二篇文章中讲了我刚才讲的这句话，不要跟我谈学理，我谈的是事实，大家认识的事实，据说他现在已经写了第八篇《为什么一流医院收疑难杂症，一流学校收好教的学生》，大家感兴趣的话，可以到网上去查一查、读一读，因为时间关系我就不再讲了。第二个，要避免自说自话，我给大家的提醒是要避免自说自话不讲逻辑。第三个，要以公正的态度冷静地批判，我刚才讲的批判更多的是批判自己。任何人的言辞出来以后，就是要被人评说的，要坦然地面对他人的评说，这是我给大家的建议，大家在认知基础上去谈一谈如何说明。为了帮助大家，我向大家推荐几本书，一本是《简单的逻辑学》，它就是可以帮助我们训练如何防止以偏概全，如何在群体言语和自我言说之间找到关联。另外几本书是《明亮的对话：公共说理十八讲》《优雅的辩论：关于15个社会热点问题的激辩》《猜想与反驳：科学知识的增长》。任何人的观点和立场，只是在他个人知识基础上的一种猜想，谁也不可能掌握真理，虽然我们都在寻找真理，但是真理是什么，不瞒你们说，我59岁了还没找到，我相信你们可能会找到，但是要明白，我们找到的所谓真理，只是某一种情况下我们的一种猜想，我们最好能够对事实的猜想不断地审视和批判，同时还要冷静地真正地以一种谦卑的姿态接受别人的审视和批判，而不是胡搅蛮缠。另外还有一本书是《论证是一门学问》。我们今天的作文是什么？我们今天的作文就是我们如何看待名校"掐尖"问题，注意，不是作文标题，而是一个范围也好，我建议大家从这三个角度中选一个角度，一个谈原因，一个谈结果，一个谈收获。

好，时间到了，感谢大家配合，下课。

"吃透"教材才能顺应课堂，才能成就学生

2019年11月2日，郑桂华老师在河南南阳第一中学给河南的语文教师上了一堂新课程理念下的阅读教学示范课。说实话，在今天，像郑桂华老师这样"青抄"的课已经很少见了。互联网生态下，各级教育行政部门或者专业部门来评价我们这些教师上课的时候，似乎没有多媒体就是不合格的课。但是我想讲的是，在今天这样一个生态下，如果不重视板书的课堂教学，如果不重视板演的课，我认为是不合格的课。我想提醒各位同行注意的是，尤其是在多媒体使用泛滥的互联网生态下，必须返璞归真，必须重视板书的设计和使用。为什么？从心理学视角来审视，现场的板书和我们演示文稿所呈现出来的内容，对学生所产生的刺激或者影响的效果是不一样的。但是我们很少有人意识到这样的问题。郑桂华老师的板书看上去"随意"，但我们静下心来看，就会发现这个"随意"的背后郑桂华老师有认真地思考，或者说有精

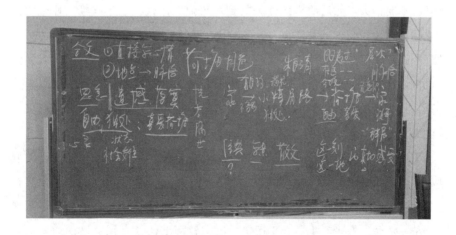

心设计，但因为许多内容是现场生成，不严谨、不够美观也是事实，我更想说的是，写得多了一点。

现场听课的教师感触最深的应该是，郑桂华老师在分享的时候说《荷塘月色》她读了几百多遍。第二，这堂课，她用的是第4种教法，她还想有第5种教法。"多元解读"我们讲了这么多年，我们是不是应该反思一下，教了这么多年同一篇课文，我们尝试过第2种、第3种法、第4种教法吗？当天，我8点去敲她的房门时，她还在书写今天要呈现给教师的这堂课的教案，她告诉我，这是这种教法的第4个教案了。我们在她的课上看到的应该是第5个教案了。

我们如何评价一个教师的教学？首先，我认为要看一个教师的教学态度和教学立场。所谓态度，就是能否不断修正自己的教案。所谓立场，就是能否真的做到"以人为本"。我认为郑桂华老师今天的课这两点都做到了。课上，总是看到郑桂华老师在不断调整设计，当然更重要的是，要看上课的教师心中有没有"人"。新课程标准在谈语文这一学科时依然强调工具性和人文性的结合。对这个说法，我们太熟悉了，但是，在实际的课堂教学中，或者我们在实际的教学生活中，真的有体现教师应有的人文情怀吗？我想，上课前郑桂华老师一直纠结的一个问题为我们提供了一个示范。她总是纠结于舞台上的灯光太亮，刺得学生的眼睛睁不开，所以，她一再提醒学生，眼睛睁不开就不要抬头，然后要求工作人员把灯关掉。什么叫学生立场，什么叫儿童立场？道理我们人人都知道。有一回我在某校听了一天的课，也做了点评，他们的课堂就很少看到他们所说的"儿童立场"。示范课、公开课多少有表演的成分，这可以理解，但不能过。郑桂华老师这堂课，课前没有跟学生事前沟通，只有现场沟通，但可贵的是，她总是在根据现场沟通的情况来调整今天的课堂教学。

第二点，我觉得语文教师用词造句，就应该成为范本。无论是自己的表达，还是学生的表达，都要尽可能规范一点、准确一点、简洁一点。尤其在学生表达的时候，我们要及时对学生的表达提供引导，使他们的表达尽可能地规范、清楚、有理有据、合乎逻辑。语文教师上课就是用自己的教学语言来涵养学生的语言，提升学生的语言素养。这个课堂上有这样一个片段，前面一个男生发言层次不是太清楚，郑桂华老师就提醒他，能不能有点层次，这个男生一下子做不到，后面一个女生替他回应，但谈到文章的脉络上去了，按理说，这个女生对文本的理解，可能比前面那个男生的理解要到位。但郑桂华老师给学生提出来的问题是，能不能把自己的表达分分层次。所以，她强调认真倾听很重要，要迅速地捕捉讲话人表达的要点。听清楚，才有可能讲明白，这也是语文教学的基本任务。尽管这个女生的表达很有深度，郑桂华老师依然没有放过她的表达跟老师提出来的问题不在一个层面上这么一个细节，并及时给予了提醒。要注意倾听，表达精准一点。准确，贯穿在郑桂华老师整个课堂教学中，还有简明。注意，要尽可能做到精准、简明。这就是郑桂华老师给我们提供的一个范本。语言学习，首先要让学生的表达准确，然后还要简洁、有层次，无论是书面表达还是口头表达，都应该如此。当然，另外还有概括与提炼的能力。

郑桂华老师在上课与讲座中有一个词语出现的频率很高，那就是"转化"。听到这个词时，我真的感同身受。我退休以后主要做入校指导，入校指导是对学校的教育教学做全方位的指导，其中有个重要的指导就是教学指导。在教学指导中，我对教师一再强调的是，要善于"转化"或"替换"。所谓的好教师，所谓好教学，就体现在他迅捷地转化意识，把教材的内容转化为学生熟悉的内容，把书面的语言转化为学生能够接受、理解的语言，更具体的就是，通过自己的示范和引领，让学生去心领神会，并能举一反三。或者从教育心理学的角度去理解，那就是由此情此景到彼情彼景的迁移。我们从郑桂华老师直白、简单的话语里又可以看到高水平教师是一定会从不同的角度看问题的。这背后就是新课程标准提出来的所谓思维素养。我们的毛病就是，为了顺利地完成教学任务，只要学生的表达没出什么大问题，就顺着往下走。

郑桂华老师，还讲到一个少与深的问题，她主张，少一点，深一点。可我们的取向是什么？是多一点，全一点。一堂课 40 分钟、45 分钟，学生到底能接受多少？在我的认知里，多就是少，少就是多。贪多嚼不烂，我们都挂在嘴边，但在教学的时候往往担心教少了，没有教全。骨子里就是，该讲的我都讲了，考得到考不到，那是他们的事情。不知道我这个揣度是否靠谱？该讲的我都讲过了，该练的我都练过了，学生没首尾呼应没考好，我们还会责问，不是讲过、练过首尾呼应吗？说得难听一些，我们所做的多数是为以后推卸责任做铺垫。

在我的认知里，看一堂课就如看一篇优美的文字，有没有前后照应？首尾呼应、起承转合是不是自然？上课伊始，郑桂华老师就让学生默读课文，读好了问他们读明白了没有，有没有感觉（走上来就要学生默读课文，从表演效果上看，是有风险的，我一般不会这么做，我喜欢走上来就通过某种手段让学生兴奋起来）。课上了一段时间，进入交流环节的时候，郑桂华老师又一次问，现在有没有感觉呢？郑桂华老师在课上老是出现"感觉"一词，知道其背后是什么吗？这背后就是郑桂华老师这堂课的教学目标，我感觉她今天这堂课的教学目标就是，希望学生在散文中找到作者的感觉以及自己的感觉。也就是说，郑桂华老师的第3种教法，就是要让学生从中读出自己体验到的感觉。所以在这堂课快要结束的时候，她又追问开头那个说没有感觉的男孩是不是有了些感觉，请他把现在的"有一点感觉"说一下，还追问了这样一个问题：你能把作者回到家的感情用一两个词语表达一下吗？这就是提醒学生要善于提炼概括。在此基础上，郑桂华老师做了一个总结：散文的要义就在要写出此时此境此刻的真实感受。注意，在我们的认知里，教散文，要讲什么"形散而神不散"，要讲什么"单线""复线"，什么托物寓意，什么借景抒情之类。而郑桂华老师在今天的这堂课上这些都没有谈到。

郑桂华老师还给我们提供了另外一个思路，就是有可能她会抓住《荷塘月色》的比喻来上课。其实这不是什么新鲜东西，在二十世纪八十年代就有一个所谓的"得得派"，主张"一课一得"，这和"CECD提出的2030年学习框架"模型其实是一致的：少一点，深一点。少就是多，多就是少。但一旦是舶来的，又有了一张图，大家就觉得很新鲜，很有学理。问题是我们很少会从学理上去思考与研究，很少去探索如何能给人以新鲜感。说白了，还是因为我们读书太少，我们对教育教学理论、脑神经科学、教育心理学关注不多。为什么？这些书太绕脑了，读不进去。难读，就不想读了。但是要知道，教育教学是有规律的，规律是什么？就是科学，科学是经过实证研究证明的，它是基本的原则和方法。《教学中的心理学》的作者认为，好的教学紧密地勾连艺术，部分是科学。艺术是什么？艺术就是"相机而教"，科学就是"遇物则诲"，就是"因材施教"。我认为郑桂华老师的课体现的就是艺术与科学的结合。更多体现的是所熟悉的"动态生成"，是生成性教学。虽然有预设，但是这种预设是跟学生现场的状况紧密勾连在一起的，是顺着学生的状态去教学。这就是艺术，取决于个人的天赋、学识和经验；部分是科学，就是按照教学原理来教。我们不是强调发展性教学吗？我以为郑桂华老师的这堂课同时体现了香港大学教育心理学教授约翰·比格斯和凯文·柯林斯创建的SOLO分类评价理论指导下的，以等级描述为特征的质性评价方法的教学指导思想。当郑桂华老师提出，我们说《荷塘月色》这篇文章很经典，请大家说说经典在哪里？我就发了个微信朋友圈：这堂课要结束了，到了小结的环节。这也是教学原理使然，没有复习的教学是不完整的教学，没有总结的教学也是不完整的教学。关于这个原理我们可以看看约翰·格里高利的《教学七律》。

"吃透"教材才能顺应课堂，才能成就学生。

当然，这堂课也有不足，那就是为了给大家看到完整的表演，拖延了几分钟，总时长为50分钟。最初，主办方也没有给她限定这堂课的时长。

附：郑桂华老师《荷塘月色》课堂实录

课题：《荷塘月色》。
执教：郑桂华。
整理：李利。
学生：南阳一中。
时间：2019年11月2日。
地点：中原名师中学语文工作室联盟暨省级培育对象集中研修活动（南阳一中）。

师：这个灯马上要关掉，放心啊。大家先不要抬头，太晃眼了，刚刚我已经看到很多同学不敢抬起头来，一抬头就是灯光，照得眼睛受不了，所以你们低着头没关系的！灯马上就可以关掉了，好吧！想问一下，黑板都看得见吗？

生：看得见。

师：好的。刚刚我问了大概10个同学……（关灯）现在是不是有一点太暗了？

生：没有。

师：舒服一点了吧？好，那我们就暗一点点，然后舒服一点好吧。好，我们就开始上课，可以吗？

生：可以。

师：好，上课。

生：起立。

生（齐声）：老师好！

师：大家好！请坐下。刚刚我们在开幕式的时候，我问了大概10个同学，大部分课前没有读过《荷塘月色》，也有一些同学读过，现在想问一下大家，刚刚在听的时候把文章读完的同学请举手。课前读过刚刚开幕式又读了一遍或者是以前没读过刚刚读过的同学请举手。（大部分举手）好，少部分同学没有读完，没关系。把手放下。

师：刚刚我问过的同学，其中几个读过的同学说文章不太能懂，好像不知道作者想写啥，那我想问，刚刚，我没有问到的同学，你觉得这篇文章不太好懂的请举手，有没有不太明白作者想表达什么的？没读完的没关系，也不要看别人，好，除了极少数两三个同学没举手，其他都举手了。好，现在请大家静下心，手放下，把文章再看一遍。看的过程中，你试着找出作者想要表达那个情绪的蛛丝马迹，你觉得哪些语句、哪些文字能够帮助你明白作者想要表达的是什么，好吗？好，开始，边读边圈，试着体会作者想传递的那个想法。

学生默读课文。

师：有一点感觉，传递出来，可以吧。自愿举手发言还是开火车？举手，那谁先来？小伙子你先来。

生：我看到了文章倒数第3段有一句"可惜我们现在早已无福消受了"。还有最后一段的一句"这令我到底惦着江南了"，这两句话表达了作者对江南美景的思念，以及欣赏不了江南美景的遗憾和落寞。

（板书：思念；遗憾；落寞）

师：其他同学可以把我们同学刚刚表达的要点圈画出来，做笔记。他找了两个句子，从这两个句子中他深切地感受到作者的情绪，三个词。我写到黑板上，这三个词很漂亮。一点一点讲出作者情绪的不同层面，体会到了吗？思念是一个大方向，落寞是作者情绪很细微、很精致的表达，体会到了吗？我们同学的贡献，好，请坐下。接下来……小伙子。

生：我是通过全文体会的，作者独自一人在荷塘边观赏，应该能表现出他喜欢自由和独处，以及对荷塘的喜爱之情。

（板书：自由独处；喜爱荷塘）

师：不忙着坐啊，刚刚我们说了第一个同学的思考有不同层次，记得吗？现在你能不能把你的回答也分一个层次出来，其他同学同样要思考，好吗？我给你三点都写到黑板上，其他同学做笔记。前面同学的层次我已经给大家交流过。来，能试着分一下层次吗？这三个表达是一样的层次吗？

生：不一样。

师：不一样，这个是一个层次是吧？能不能讲一讲其中的区别？

生（思考后）：不能。

师：不能，没关系，请坐下。他刚刚有一个很好的表达。我写的什么？我们前面是看到直接写作者心情的句子。有两句，"无福消受"是不是写心情的句子？直接写心情的句子当然非常好，能看到作者情绪的变化。但是我们要把握一篇文章作者到底要写什么？还要看全文。这是一个很好的办法，回到我们刚刚的问题上来，"自由独处；喜爱荷塘"他认为是两个层次，有没有同学对他的这个思考，很棒的思考，捋得再清楚一些？挑战一下你们的思维啊！好，小姑娘。

生：我觉得，作者从独自出门开始，随着他的脚步，一直到他走到那个小煤屑路上，再到他走到荷塘，然后从他观赏荷塘的景色，观赏完了之后离开荷塘，回到家中。这个是自由，开头是独处，然后走到荷塘是他喜爱荷塘，到最后有一种自由散漫的归家感。

（板书：家——小煤屑路——荷塘——家）

师：有感觉了吗？男孩子。我们同学给你贡献了，把你的观点做了一个梳理，但是我想问一下，一上来在家，你用了个开头，是指家？小煤屑路？还只是哪里只是家？你说开头是独处。

生：从他出家门的那一刻起。

师：也就是往这个地方，开始是什么？

生：独处。

师：独处。到哪里是明确地感觉到作者是处于一种自由的状态？

生：到荷塘。

师：非常好。那么现在对荷塘还有一种喜爱之情，对不对？但是我现在想问的是，你讲的是一个脉络，一个思维脉络，理解吗？我现在想问的是哪三个表达层次？这个层次可以体现为这个阶段性的，但这是一个脉络流程。我说他思考、思念，作者对江南思念是一个情绪方向，是一个大方向的，在思念江南中他有没有一种可能是愉悦？但是这篇文章中，他重点写的最后是什么？

生：落寞。

师：落寞，也就是在大的思念这一层次上，我们男孩子的贡献到了哪里啊？更具体更明确的是什么？

生：落寞。

师：所以从这三个词的关系，我刚才说层次上，那么自由，独处，喜爱荷塘，大家发现没有？它们之间有没有一些不同层次的关系？你的贡献很大。读一篇这样的文章，怎么从全文看，她梳理了一个什么？

生：脉络。

师：她梳理脉络，抓住一个非常好的线索。什么线索？

生：地点。

师：抓住地点来梳理脉络。

（板书：地点——脉络）

师：她发现不同情绪的流露在不同空间里是不一样的。好，那么我们回过来，请坐下。小姑娘，很棒！有没有同学再来对这三个东西做一个区分？"喜爱荷塘，自由，独处"这三者之间什么关系？三个说法之间？数学课代表来了没有？物理课代表来了没有？我呼唤物理、数学课代表。

师：来，小伙子。

生：我认为自由独处跟喜爱荷塘都是内心情感的一种表达，但是喜爱荷塘是一种基本情感，自由独处更偏向内心更深处的一个感受。

师：讲出层次来了吗？有点感觉了吧？自由独处是他更深层次的，喜爱荷塘是一种基本……他用的"基本"，你们用什么？喜爱荷塘是这一刻的……表现心情。没错吧？你的思维很好。我想接着问你，自由和独处是一样吗？你把它们放在一起了。其他同学请思考。

生：我觉得这两个词细分的话还是不一样。

师：请细分。

生：独处的话，我觉得它是一种状态。

师：什么状态？自由不是状态吗？

生：自由的话是……独处的话，比如一个人独处在某一种环境里，然后他就处在这种状态中。但是自由是他不受约束。

师：你能不能给它命名一下，独处是一种什么样的状态？自由是一种什么样的状态？小伙子。（另一个同学）

生：我想补充的是：自由是一种心灵上的状态，而独处表现的一种客观的物质的状态。

（板书：心灵　状态）

师：有没有一点感觉了？

生：有。

师：能不能把第二个表达再表达得精准一点？第一个表达大家同意吗？

自由是一种什么状态?

生：心灵上的。

师：我们当然可以换成精神上的，都没有问题。我觉得心灵上讲得非常好，精神上是一样的意思。那么这个状态是什么状态？独处是客观物质状态，好像让我？希望你能表达得更精准一点。

生：表现现实的一种状态。

师：你想把它区分开。现实的状态。

生：身体状态。

师：身体状态？什么状态？（另一个学生）

生：一种表现形式。

师：表现形式，好一点了，请坐。请看文章，有没有独处这个词？

生：有。

师：小伙子，请坐下。你还想继续回答吗？（摇头）不想（师笑），请坐下。独处和什么对应的？

生：群居。

师：什么状态？

生：社会状态。

师：噢，社会状态，好。我们就用这个词吧。好不好？生活状态，人与人相处的状态。他和人相处的状态，我是独处还是群居？大家有没有一点感觉了？

生：有。

师：我把社会后面加个交往，同意吗？

生：同意。

（板书：社会交往）

师：现在请我们梳理脉络的小姑娘注意，你可以自己来回答，也可以请别人来回答。我们把刚刚这个大家的梳理，到这个阶段的梳理，做一个整合。现在请你代表同学，或者请你找一个人来代表同学。从开始到现在我们的交流，能不能做一个总结？需要时间准备吗？需不需要？

生：需要。

师：准备吧！讨论。独立思考也行。两三句、三四句话，不要多。

（学生小声讨论）

师：可以了吗？可以没有？我邀请男孩子，这边最后一排，我问了他三次了，第一次他是没有感觉的，第二次看了一点，就是在会议开始的那个，接下来我问他，这下有没有感觉，他说有一点了。请你把有一点，一句话两句话三句话四句话都可以，来，表达一下。好吗？你试着做一个总结。

生：在最开始的时候作者说，他是爱冷静，爱独处，他是想要自由的。所以他才开始从家走向了小煤屑路，然后到了荷塘，这时候他才觉得自己是比较自由，达到了他想要的一种生活状态，最后他表达自己了内心的情感，就是对荷塘的热爱，最后他回到家，这时候路上他才觉得自己，觉得自己……

师：什么状态？回到家什么状态？我想问，你刚刚把大家的要点一些关键的表达都说了，说到了。喜爱荷塘，自由，独处。那我想问一下，他的情绪最好的，那种愉悦感、满足感、心灵放飞的自由感，最充分的是在哪几段文字中？

生：第4段，第5段，第6段，他在荷塘的那几段。

师：没错。那你把回到家的那种感受，你找一个词语精准地表达，你不那么精准地表达，把你的想法描述出来也可以，不要追求一下子到精准。大家理解吗？好，那你试着找一个词。刚刚在荷塘他是有一种心灵放飞的自由感，那现在回到家他是一种什么样的状态？我们用状态这个词吧。

（生不答）

师：有点难，这个地方。没关系，你的感觉已经有一些了。能不能用一两个词描述一下？

（学生低头思考）

师：来，把头抬起来，相信自己。试着找一个词。

生：他从荷塘回到家的时候感受……心灵上有一种放松，但是又……即将回家，又要面临各种琐事不能独处的那种……

师：不能独处，对应的是什么词？

生：群居。

（板书：群居）

师：讲得非常好。即将面对各种琐事。你仔细读的时候，你发现最后一段又写了什么？第一段有什么样的琐事？

生：有妻子、孩子。

师：这地方有妻子、孩子，自己的孩子还有别人的孩子。有点感觉噢，男孩子？有吗？没关系，请坐下。

师：请女生。你自己做一下总结，还是你要请别人做总结？简明一点，在我们刚刚男孩子贡献的基础上你再简明一些噢。

生：我想把第一点的那个思念、遗憾、落寞也讲一下。

师：好，请说。

生：他从出门开始进入独处，然后在去荷塘的路上，到出荷塘，是自由。从他在荷塘描写的景色来看，他对荷塘是喜爱。在无意识地归家的路上，是有一种对江南往事的思念，等到他发现已经到家门口的时候，恢复群居生活的时候，他已经有一些落寞和遗憾了。

（板书：无意识）

师：继续吧，她的贡献不只是把大家的，刚才发言的要点简明地说出来，刚才我们男孩子也都讲到了。她又增加了一个什么表达？无意识！是我们前面没有讲到的。大家感受到了没有？同学的贡献，你发现了没有？请你对这一点来做一点解释，让更多的同学对你这个精彩的表达做一点分享。

生：因为文章中作者先是描写荷塘，然后他笔锋偏转，忽然想起采莲的事情，然后又联系江南的风俗，然后通过……这时候并没有写他的脚步，他的游踪。但是通过他的描写，然后，我们跟着他的思想等到他再次描写他的现实的时候，他已经到家门口了。所以说他是一种无意识的，他没有想过，他只是一种随心而动的一种思想。

师：她梳理了作者的联想，从荷塘出来之后的一个联想，想到了江南采莲、看莲。《采莲赋》中讲，"妖童媛女，荡舟心许；鹢首徐回，兼传羽杯。"

用文章的话,那是"一个热闹的季节,也是一个风流的季节"。下面还讲到《西洲曲》。但这只是一个思绪,还不能够证明他是下意识地无意识地回到家。有没有最直接的?有人愿意帮助吗?你的贡献要把它贡献得充分一点,请坐下,小姑娘。来。(一个男生)

生:可以从"猛一抬头"看出来,他是在回家路途中,他是陶醉于荷塘美景的,在陶醉荷塘美景的过程中,想到了江南的风景,然后江南风景是不同季节、不同时刻的江南风景,表达了对江南风景的思念和遗憾。

师:精彩吧?赶紧圈上那个关键词。请你再补充一个词。

生:不觉,猛一抬头和不觉。

师:再补充一个词。

生:找不到。

师:好孩子,请坐下。"猛"。我以为他第一个找到的是"不觉",我没想到他找到的是什么?

生:"猛"。

师:"不觉"是不是更清楚?

生:是。

师:直接写心理活动,不觉,觉得。刚刚我们说要找到直接写心理活动的词语和句子。"猛"写出了什么?还有一个词呢,孩子你看看,我相信你肯定找得到!"这样想着,猛一抬头,不觉……"

生:"已"。

师:我不提醒,你们找不到吗?为什么找不到?体会一下这三个词。"已"是家门口,意味着什么?在这之前,他是?体会一下,把这句话默默地再看一遍,或者轻声地朗读一遍,这样想着,读一下,体会作者那种无意识、下意识的那种状态。

(学生小声朗读)

师:有点感觉了吗?

生:有。

师:请把这个板书一定要记下去哦!我们同学的贡献啊,你看她的贡献是什么？她其实是一种朦朦胧胧的感觉，女孩子。但是我们男孩子的表达，是一种推敲，我们把这种感觉，清晰化。这就是语文学习，同意吗？我有一个某某的感觉，这种感觉对不对，好还是不好，两个层次，是不是对的？对的是不是很好的？理解不理解？然后我们把自己的感觉一定要寻根究底，去思考。那么现在我要问大家另外一个问题了，既然你讲到了无意识地回到"家"，我们能不能在这里也来写一个词？如果从这个"家"到"小煤屑路"到"荷塘"，我们在这个箭头上方要写一个类似于"无意识"这样一个表达，你打算写什么？可以讨论。可以独立思考。

师：这个同学，好像已经有人有答案了，我相信你讲得出，但是我不想找你了，我想找没有贡献过的同学，这个同学，做点贡献，好，女孩子。

生：应该选下意识，他是下意识走到荷塘的。

师："下意识"是什么意思？

生：就是说他是有目的性地走到这里，想看一看荷塘。

师：下意识有两种表达，大多数是指什么？忽然的，是一种不那么非常明确的，意图很清晰的，我们叫下意识。当然在你这，下意识是什么意思啊？有目的的。

（板书：有目的）

师：他这个有目的的，从哪里可以看出来？女孩子，你来贡献一下，继续。

生：因为他说的是"忽然想起这日日走过的荷塘"，他说"总该另有一番样子吧"。然后他就沿着小煤屑路去看。

师：漂亮吧？有人到清华大学去，一定要找一找那个朱自清的荷塘，你们认为看得到荷塘月色吗？看得到还是看不到？

生：看不到。

师：因为刚才我们女生已经讲了，日日走过的荷塘，"在这满月的光里，总该另有一番样子吧"。日日走过的，不见得有今天的景色、样子。这个找得非常好。她非常有意识地主动去找，他还讲到第2段，姑娘，你再来做一下贡献，第2段，有没有看出作者非常有目的地去追寻那个心灵自由的状态，独处下那种放飞自我的状态?

生：第2段有"今晚却很好，虽然月光也还是淡淡的"。还有前面这句话说"白天也少人走，夜晚更加寂寞"。我觉得应该可以表现出他自己一个人在独处。

师：有没有一点感觉？但是我希望你的贡献再充分一点。她已经注意到第2段结尾那个句子："今晚却很好，虽然月光也还是淡淡的。"这个句子是不是值得注意？

生：是。

师：为什么值得注意？尝试一下，可以吗？来？

生：他说今晚却很好，这表现与其他日子的不同点，却很好。

师：有感觉了吧？（有）散文的核心就是这一刻、这一地，写的时候，就是回忆中的那一时、那一地。它不是普遍的情感，它应是那独特的情感。今晚却很好，跟日日走过的荷塘"在这满月的光里，总该另有一番样子吧"。记不记得，"在这满月的光里""今晚"这是一篇散文，散文的要害就是要写出这一时、这一刻、这一地的情感、感受。

（板书：这一刻，这一地）

师：做笔记吧。要加一个真切感受！没有"真"，散文就没有生命力了。

（板书：真切感受）

师：刚刚我们同学注意到"今晚却很好"的"却"，你们开家长会最害怕什么？

生：但是。

师：体会到"却""但是"背后的力量了吧。强调吧。但这句话，刚才女孩子找到的这句话，不止只有"却"这一个值得我们注意的地方。你有没有注意到这句话的妙处。

生：这句话说"虽然月光也还是淡淡的"。

师：要解释吗？需要他解释吗？

生（齐声）：需要。

师：好。

生：他这个也在说明之前的夜里的月光，都是、也是淡淡的，不过今天用这个"也"字显得不一样。它和前面"也还是淡淡的"说明月光和之前的一样，但是他前面又说"今晚却很好"，这就体现出他心情的不一样，从而看到这个情景，他的感受也不一样。

师：同意了吗？

生：同意。

师：其实刚刚女孩子和你都有相同的很好的贡献，不是只看这一句，还要看这一句之前，记不记得你回答，说前面也写道，注意到没有，平时的小路是什么样的小路？

生："幽僻"。

师：还有呢？

生："白天也少有人走"。

师："幽僻"，"白天也少有人走"，这都是幽僻啊，还有什么？没有月光的晚上，就更显得什么？

生："阴森森"。

师："阴森森"，你看，第2段前面写的都是平时，月光淡淡的时候也，他看到"也"了，是"幽僻"。没有月光是什么？"阴森森"。可是在第2段结尾处，他居然用"却"，很好。"却"刚刚我们已经感受到这个转折的力量了，但是我还想问一下，通常我们讲转折关系的复句是怎么讲的？这句话我们通常的语序是什么样的？

生：虽然月光也还是淡淡的，今晚却很好。

师：现在你读了一遍之后，你能不能再把你的思考再推进一下？刚刚我们已经感受到这个转折关系的"却"，我们已经注意到这句话中的"也"。我们同学思考，在这一句的表达上，已经有两个角度，两个角度，刚刚讲的是层次哦，还有没有第三个角度，考虑这个句子。刚刚你不是读了吗？虽然月光也还是淡淡的，今晚却很好。现在是什么？"今晚却很好，虽然月光也还是淡淡的。"句式上有什么变化？

生：就是把句序颠倒了一下。

师：颠倒了一下叫什么？

生：倒装。

师：就是，这个其实是最容易的一点，请坐下，可能没有关系，因为转折关系有时候也会这样倒，对吧？把"却"放前面。往前放是不是意味着今晚却很好……

生：强调。

师：讲得很好，记下来，做下笔记，我不再重复了。现在我们小姑娘的贡献，"有目的"这个词是不是表达得更清晰了。明明是平时日日走过的路，明明是寂寞的、幽僻的路，是有些吓人的路。这些都是他以前看到的，今晚我就要想到什么？"今晚却很好"。所以这"有目的"三个字，能不能再把它讲得精准一点？今天我要去上学，是不是目的啊？今天要考试，我可要仔细。这个和刚才今天我要去上学，目的性强一点还是弱一点？

生：强。

师：能不能把这个地方的目的，有目的，写得更精准，作者是什么样的一种有目的的状态？是一般的，很平常的，还是非常强烈的一种目的性？从家到荷塘获取这样一种自由，是无意识的吗？不是，是有意识，有目的的，是不经意间的吗？还记不记得？"猛一抬头"，不经意间的吧，很突然的吧？如果我们这里要写的话，无意识下面我们还可以写？"不经意地，突然地，刹那间地"就到了家了，而在这个地方呢？是有目的地，是渴望地，进入是什么？进入很容易吗？是突然地，不经意地，很快就出来了，到家的，这地方是吗？有目的的？是向往的，是强烈的，渴求的。是不是有这样一种意味啊？他是很随意就到了这个地方，还是不容易啊？

生：不容易。

师：有没有这样的意思？

生：有。

师：是一种渴求，很不容易的。

（板书：有目的，渴求）

师：好，现在这篇散文，我们已经讲了：散文，是一篇写景的散文，是一篇朱自清写的，多少套教材都选入的经典散文。它经典在何处？我们已经读了作者真切的感受的情绪发展变化，有感觉了吗？我们找了一些很关键的表达做了推敲，散文的核心在于，写景，我们可以从它的空间、景物、细节来看作者的情绪、感受。那么经典在何处？没有发言的同学做好充分准备，发过言的同学做好充分的总结的准备。

师：我特别想问大家，在考虑经典这样一个很大话题的时候，你不妨想一想，读《荷塘月色》现在你有没有一点共鸣啊？谁说的有？我不要你回答，我要他来回答。（同桌）因为你还没有发过言。请你思考一下，它经典在何处？

生：他写的文字特别美……

师：好，这个没问题吧？我们推敲了"日日走过的荷塘"，我们推敲了"猛一抬头"是不是？我们推敲了"今晚却很好"，其实这篇文章最美的文字在哪里啊？

生：荷塘月色。

师：我说最美不太好，就是大段，句句都很珠玑那种，是在荷塘月色那些，这节课我们不做推敲了。好，这是第一点，文字的精准、优美。好，还有没有第二点？

生：描写对象他将各种视觉、听觉都分开来写。

师：分开来写的好处是什么？

生：更加感到清楚，然后……（学生停顿）

师：清晰。你用的是什么？（指向另一个学生）你刚才随口说的什么词？

生：我忘了。

师：忘了，具体，你还记得吗？这是第二个很关键的，语言文字的美，当然重要。重要的是这个美传递出清晰的，具体的，那个景，场景，那个景物。做下笔记，我没写在黑板上，不等于这个不重要。这个重要不重要？

生：重要。

师：好的，你已经贡献两点了，你还愿意贡献第三点吗？

生：它所表达的情感。

师：很关键，什么情感？

生：从一开始，从家到小煤屑路，原本是独处，从小煤屑路，他虽然还在独处的状态，然后追求心灵的那份自由，然后逐渐走到了荷塘，他心里逐渐变得宁静，然后开始联想，直到无意识地走到了家，然后恍若隔世，然后再次这种……的生活，然后显得落寞。

（板书：恍如隔世）

师：他有一个很漂亮的表达，听出来了吗？太漂亮了，请坐下。我们需不需要这种恍若隔世的状态？需不需要？今天星期六，你从家到学校，到这里来上课。我们过着人与人群居的生活，是社会性的人，也许早上出门的时候，你还有那么一点……情愿还是不情愿？

生：情愿。

师：有点感觉吗？有没有一点感觉？我们绝大多数人都是处在一种什么样的状态中？

生：群居。

师：家的状态，人与人互相牵连的，很近，平凡的，家，我们可以作为一个象征，可以这样说吗？

生：可以。

师：而荷塘的象征意味是什么？独处……

生：自由。

师：精神放飞，但是无论多么自由、多么美好，我们很快就会什么？无意识地回到社会中去，家是社会的缩影。有没有一点共鸣了？

生：有。

师：共鸣在哪里？

生：共鸣应该是，社会中的人虽然期盼自己内心的放飞，但是放飞之后还是会希望回到那个温暖的家。

师：他用"温暖的家"这个词。朱自清有没有用"温暖"这个词？

生：我觉得是有。他首先描写自己的孩子和妻子在熟睡，我觉得这是有一点温馨的。

师：那是开头。

生：结尾也有。

师：结尾"妻已睡熟好久了"温馨？

生：说得不对了。

师：说得不对了，你已经主动承认了。请问大家这样想着猛一抬头到结束，标点符号的分配……我用分配这个词不好，作者用了什么样的标点？

生：分号。

师：分号的意味是什么？强调前后什么关系？

生：并列。

师：并列，他是不经意的，下意识的，不想回去，突然已经到了门口，这是分号之前的，分号之后的呢？有温馨在吗？有明显的温馨在吗？这个同意吧？《荷花淀》学过没有？水生嫂等水生的时候，"门还没有关"逗号，"丈夫还没有回来"水生嫂在那编草席，这个温馨吗？这个温馨不温馨？

师：有人说不温馨，女生摇头多，男生说温馨。不争论，请你们将来去看《荷花淀》。也有水生对水生嫂那些女人的温馨的细节。体会到吗？好，男孩子请坐下。

师：其他都讲得很好。不要轻易在最后，家这个地方加上什么？温暖。家有温暖，家也有琐事。朱自清在这篇文章中着力并没有凸显家的温暖，当然朱自清在第3段中也有明确的对群居生活的态度，什么词？

生："爱"。

师：太好了，不需要我重复了吧？体会到《荷塘月色》的经典了吗？我们作为社会人，要不要爱这个社会群居的生活？

生：要。

师：但很多琐事让我们"颇不宁静"，记不记得开头？所以我们需要什么？

生：独处。

师：获得心灵的自由，哪怕我们很努力，很渴求很不容易获得这个自由，哪怕这个自由一刹那在无意识之间就消失了，但是我们需要有那么一刻自由。

《荷塘月色》我至少读了几百遍了，我也教过好多次了，今年我五十多岁了。但《荷塘月色》给我的动力，大家有体会了吗？

生：有。

师：也许你们五十岁的时候也会想起"哎呀，那一天有一个老师说五十多岁她读了几百遍《荷塘月色》，《荷塘月色》给她的动力"。我们还有半个班的同学没有来，你们能不能帮我把这样的一个感受传递给你的同伴？

生：能。

师：今天学习的内容给他做一个介绍，可以吗？

生：可以。

师：好，下课。

生：老师，再见！

师：同学，再见！

评课的过程是一个明晰自己教学理解的过程

做教师的不可能不听课、不评课，评课有的是基于课堂观察，也有的是观看教学录像或阅读课堂实录。我以为评课的过程是一个明晰自己教学理解的过程。这个过程是任何一位教师专业成长道路上不可或缺的过程。下面是我应邀对刘金玉老师2011年执教的《老王》一课的课堂实录的个人观感，也是我对散文教学的认知的梳理。

散文教学的要义在于体悟生命
—— 评刘金玉老师执教的《老王》

初中学段的语文课，散文教学是一个重点，也是一个难点，它占据了学生生命生长的绝大部分时间。从这个生命的承担意义上说，散文教学应该成为学生生命的重要构成和成长的磁源，成为学生人性的生长节点，促进学生不断寻得自我生命的真价值、真意义。

刘金玉老师执教的《老王》，也许是从帮助学生体悟生命的自觉实践出发的，细观整个课堂实录，我觉得给我们带来了以下思考和启迪。

① 承认和尊重课堂上每一个生命存在的价值

传统教育关注的只是教师的作用和学生的听从、记忆，使我们的教师无视学生个体，使我们的学生失去了孩提时代最宝贵的东西——梦想和激情，变得现实和麻木；失去了积极的态度，变得消极和沉默；失去了学习的能力和习惯，变得机械和呆板；失去了活泼和开朗，以致走向封闭。所以日本教育家井深大认为，惟智的教育"忘记了方向"，是"丢掉了另一半的教育"。而这被丢掉的另一半，恰恰是教育的实质所在：关注师生的生命，善待师生的生命，让生命在课堂上涌动和成长。

在《老王》这篇课文的教学中，教师所期望达到的效果是：把课堂还给学生，让课堂在师生的互动中焕发出生命的活力。比较遗憾的是，教师死死地揪住几个学生不放，让他们零散随意地从文本中寻找答案，致使整堂课给人貌似完整实质支离破碎的感觉。尽管教师在课堂开始就明确告知学生：学生是学习的主人，课堂是学生学习与尝试的场所，只有大家都学起来、都去动脑筋、都去积极尝试，才能真正成为课堂学习的主人，课堂才会有收获，自己才会有成长。所以，我们每一个同学都要树立"我是学生，我是主人，我要学习"的意识。

在教学的过程中，教师有意识地出示了学习目标：（1）把握文章的主要内容；（2）体察作者的思想情感；（3）品味语句的丰富内涵。以及请学生自读课文，遇到不会读的字、不懂的词自己查字典解决；同时，运用勾画圈点法和批注法积极思考解决文后"研讨与练习"第一题：以善良去体察善良。在这篇课文中，作者的善良表现在哪里？老王的善良又表现在哪里？对课文结尾的最后一句话，应该怎样理解？可见教师试图放手让学生去自我学习和尝试。

但浏览整堂课，不难发现，课堂的重点更多地摆在对老王的性格特征或者品质的探讨上。与学习目标并不是那么吻合。至于自己查字典、运用勾画圈点法、批注法等也没有很好地得到落实。

不过教师的调控能力极强，这也是我们看到的洋思中学课堂的共同特征。比如，当教师在询问学习目标时，发现有一个学生既不举手，也不站起来，走到其身边，问明原委，并适时进行调控。而且整堂课就盯着那几个学生的精神，更是着实令人叹服。但笔者以为，这样的穷追不舍，所谓的民主、平等、合作也就成了一种标签。

② 站在对生命深刻理解的高度解读文本

课堂的生命不仅应该是自由的，还应该是完整的。完整的生命不仅包括知识、智力、智慧等认知因素，而且包括感情因素。应试教育的弊端就在于把人的感情排除在外，一味地扣住教材、扣住教参，教师成了教材、教参的传声筒，学生成了教材、教参的容器。新课程理念提倡的关注生命，就是要充分发挥教师的人文情感，围绕文本展开生动活泼的生命性的对话，语文学习的过程是师生生命体验、感悟的内在过程，语文课堂教学不是外在的、名目众多而且枯燥烦琐的习题化练习，更不是概念化的文本解析。

在这堂课上，刘金玉老师也力图将教学引导的重心放在对学生生命成长的关注上，站在对生命深刻理解的高度解读文本。正如一个学生的发言："我"与老王的所谓"平等"只是一种表面现象而已，"善良"只是一种姿态，距离真正的"平等"和"善良"却是很远——心与心的交流，情与情的贯通，彼此的关照、呵护才是真的。杨绛"愧怍"的内涵，是她并没有人与人之间发自内心的平等。在孩子生命的成长中，真正守望并铭记的，不是冰冷的文字符号，不是概念和公式，而是语言现象背后的认知活动和情感，彰显"师生以及作者与文本本身的生命与思想的活力和张力"。这种直指心性、感悟生命的教学才是本真的语文教学。通观整堂课，教师似乎也在积极引导学生独立研读和思考，力求达成教学目标。

笔者在教授这篇课文时，为了帮助学生更好地走进文本，走近"老王"，摆在笔者面前赤裸裸的现实是如何刺激学习者的学习反应，如何引导学生将学习活动由"不应"转为"反应"，由"消极反应"转入"积极反应"。笔者尝试着从我的"硬读"体验来引领学生的突破，这就是对文本中"蹬""主顾"这些关键词语的辨析，为什么用"蹬"而不用"骑"？"主顾"这个词又有何意蕴？通过"硬读"词语的抓手，分蘖出文本立体理解的苗叶。

尤其在引导学生阅读文本中写"老王"最后一次给"我"送鸡蛋的文字时，笔者给了学生这样的友情提醒：阅读文本要善于比较，比较时要抓住文章中关键词语的变化；要养成讨论的习惯，认真讨论一下。因为，笔者在阅读时发现了用词的细微变化，也思考了为什么会有这样的变化，这变化反映了作者怎样的心理变化。同时也意识到，学生在阅读的时候，不一定会注意到这个变化。这就要用我们的阅读经验，给学生一点提醒，帮助他们在阅读中有意识地关注这些遣词造句的变化，从而发现作者语言表达的精妙所在。

③ 关注生活，拓展生命视野

这次新课程改革的重要理念是"教育回归生活"。在卡西尔看来，人与其说是理性的动物，不如说是符号的动物。人们借助语言符号来使思想得以表达、感情得以传达、知识得以交流，成为真正意义上的人。要理解语言符号的内核，必须打开社会生活和生命个体活动的外壳。

只有在生活中学语文，才能有效地将语文知识转化为学生的语文素养与应用能力，帮助并促进学生的生命成长。

刘金玉老师的语文教学看上去也试图排斥刻板、教条、贫乏、单一语言文字的分析，不时引得生活的活水。

比较典型的是"请设想一下，两个亲戚，一个城里人，一个乡下人，乡下亲戚到城里亲戚家去玩，没有脱鞋而是直接进门，不是轻声细语，而是如入无人之境，大声讲话，此时城里亲戚会怎么想？吃饭时，乡下亲戚三下五除二，将饭菜吃完了，而城里亲戚正在细嚼慢咽，城里亲戚又怎么想？城里亲戚有这种想法说明了什么？"

但在笔者看来，似乎不太贴切，如果我们能引导学生在解读文本时对老王最后一次来"我"家的描写进行比较，借助于学生熟悉的《西游记》来引导学生说说我们印象中什么情况会有"白骨"，是怎样的？"白骨精"这个词语是贬义还是褒义？也许会更贴近学生的生活。前面是"白骨"后面变成了"骨头"，为什么会有这样的词语的变化？同时提醒学生，像这样的问题不能靠查字典解决，需要我们根据上下文来看。可以联系前面写"我"的心情的词语，后面写"我"心情的词语，找找看，看看有什么细微的差别。

学生通过阅读、讨论可能发现，前面写"我"的心情的词语是觉得老王的样子"可笑"，后面是心生"抱歉"，老王的样子让"我""害怕得糊涂了"。进而得出了"因为在'我'眼里老王是车夫，老王这个样子了还到'我'家来送东西，'我'感到很吃惊。下意识地想到的就是交易，想到给他拿钱。老王一句'我不是要钱'给了'我'心灵的震撼。当'我'意识到老王这个将死之人，把我当作亲人，感受到老王送'我'鸡蛋和香油的真情。所以在前后文的遣词造句上发生了改变"。

这时教师就可以明白地告诉学生，作者将这看似"可笑"的举动与"可怕"的人物外表细致入微地呈现在读者面前的深意是要我们细细品味。如果没有教师课前的"硬读"，课堂上我们就不可能引导学生关注这些词语的变化，没有对这些词句的关注，我们也就无法理解一个将死之人的看来"可笑"的举动了。

这种生命的对接和嫁接，就破除了文本解读中，生命时空的局限，使课程资源丰富和鲜活，服务并伴随生命的成长。生命离不开生活，生活孕育了生命，关注了生活与生命的课堂，就是有创造力的课堂。

④ 努力捕捉课堂上能够产生生命碰撞的火花

课堂教学需要师生的生命在场。课堂是人跟文本、教师和学生相互碰撞的一个过程。只有通过碰撞才能迸发出生命的火花，才能对文本有个性化的理解。语文教师要有生命在场的意识，要努力与学生进行思想和心灵的沟通，努力捕捉课堂上能够产生生命碰撞的火花。

在刘金玉老师的教学中，也是想通过自我学习、集体学习，来解决问题，比如他还捕捉到一些问题：

师："我"是一个善良的人，为什么还对另一个善良的人——老王愧怍呢？愧怍的内涵是什么？

生："我"与老王，"我"是一个知识分子，"我"对老王确实有同情心，"我"很善良，但这种同情和善良并没有放在与老王对等的地位上，"我"有一种"上等人"的感觉，"我"与老王的接触在某种意义上，可以说是出于礼节，迫于无奈。

生：在"我"心里，"我"与老王是不平等的，是有区别的，是不能同日而语的。鉴于此，才有了"我"非要给老王钱，才有了"我"未请老王到家里坐，才有了老王死了十多天，"我"竟浑然不知。

生:"我"与老王的所谓"平等"只是一种表面现象而已,"善良"只是一种姿态,距离真正的"平等"和"善良"却很远——心与心的交流,情与情的贯通,彼此的关照、呵护才是真的。

生:"我"对老王的态度可以说是出于本能,却非出自内心,受着身份的影响,也可能就是一种被迫的做法,而文中的老王却完全不同,他的语言、行为等都是出自内心,送香油和鸡蛋是发自内心最真实的行动,他完全是把"我"当作了朋友。他没有其他多余的想法,他就是把"我"当作自家人看待。

生:我以为,作者愧怍的不是表面的钱与鸡蛋,而是人与人之间的感情,对于同样不幸的人,作者远远没有尽到自己的责任。"愧怍"说明"我"的思想的升华,对自己的一种解剖。

笔者在教学中也引导学生关注了"愧怍",但笔者是这样处理的:

师:那么作者为什么要写这篇文章?从文章中哪个词语可以看出来?有没有?哪个词语?

生:"愧怍"。

师:谁愧怍?

生:"我"。

师:我们把这个句子读一下,看看是怎样的愧怍。

(生齐读)

师:幸运的人是谁?

生:"我"。

师:不幸的人是谁?

生:老王。

师:我们课前有没有了解作者和她的丈夫?他们幸运不幸运?

生:不幸运。

师:眼下幸运不幸运?

生:不幸运。

师:怎么知道他们不幸运。课前查过了吗?我们课前就应该查阅一下，对不对？这两个人到底幸运不幸运？

生：不幸运。

师：那他们在这儿写是"幸运"的？

（重复问题）师生一起回答。

相对于老王而言。"我"究竟是因何"愧怍"似乎没有点明，但我们可以相信，学生已经明白了杨绛先生的愧怍！

笔者认为，本堂课最大的不足在于形式的开发和内容的开放没有有机地统一，课堂的预设和生成似乎窠穴味比较浓厚，对独抒胸臆的语言有些割裂。还有一个遗憾是，从整个课堂实录来看，似乎没有能够充分体现洋思中学"先学后教，以学定教"的教学理念。但瑕不掩瑜，作为"高效课堂"的打造者，教师力图通过对文本的解读、对情感的体悟，激发学生对生命状态的关怀和对生命情调的追求，使人更好地体验和感悟生命的意义，促进肉体生命的强健和精神生命的成长，在激扬生命之力的同时焕发生命之美，还是值得充分肯定。

由于笔者没有能够身临现场，只是就课堂实录发表看法，言辞之中难免谬误，还请方家尤其是刘金玉老师海涵。

参考文献

1. 中华人民共和国教育部. 普通高中语文课程标准(2020年修订版)[M]. 北京:人民教育出版社,2020:5.
2. 中华人民共和国教育部. 义务教育课程方案和课程标准[M]. 北京:北京师范大学出版社,2022:4.
3. [美]本尼迪克特·凯里. 如何学习[M]. 冰玉,译. 杭州:浙江人民出版社,2017:7.
4. [美]莫提默·J.艾德勒. 如何听 如何说[M]. 吕捷,译. 北京:商务印书馆,2008:5.
5. [美]莫提默·J.艾德勒. 高效能沟通的逻辑与秘诀[M]. 王留成,译. 北京:中信出版社,2020:157,158,160.
6. 陈嘉映. 说理[M]. 上海:上海文艺出版社,2020:9.
7. [美]哈丁. 群体冲突的逻辑[M]. 刘春荣,汤艳文,译. 上海:上海人民出版社,2013:8.
8. [美]乔治·斯坦纳. 语言与沉默:论语言、文学与非人道[M]. 李小均,译. 上海:上海人民出版社,2013:11.
9. [瑞典]奥萨·维克福什. 另类事实:知识及其敌人[M]. 汪思涵,译. 北京:中信出版社,2021:1.
10. [美]肯·罗宾逊. 什么是最好的教育:父母最应该给孩子的到底是什么[M]. 钱志龙,译. 杭州:浙江人民出版社,2020:1.
11. 沈卫荣,姚霜. 何谓语文学:现代人文科学的方法和实践[M]. 上海:上海古籍出版社,2021:5.
12. [美]桑斯坦. 信息乌托邦:众人如何生产知识[M]. 毕竞悦,译. 北京:法律出版社,2008:10.
13. [加]马歇尔·麦克卢汉. 理解媒介:论人的延伸[M]. 何道宽,译. 南京:译林出版社,2019:3.
14. 蔡慧英,琳萌,董海霞. 基于证据启发的学习设计:让教师教学站在理解教育规律的基础上——访国际知名教育心理学和学习科学专家保罗·基尔希纳教授[J]. 成都:现代远程教育研究,2021:4.
15. [英]夏洛特·梅森. 学校教育:完善我们的课程体系[M]. 赵昌荣,李庆华,译. 北京:中国发展出版社,2013:3.

16. [美]朱迪思·朗格.想象知识:在各学科内培养语言能力[M].刘婷婷,译.上海:上海教育出版社,2015:12.
17. [法]莫里斯·梅洛-庞蒂.哲学赞词[M].杨大春,译.北京:商务印书馆,2000:12.
18. [美]瑞贝卡·米勒沃基,约瑟夫·法德里.教师如何持续学习与精进[M].孙明,译.北京:中国青年出版社,2020:10.
19. [美]格兰特·威金斯,杰伊·麦克泰格.追求理解的教学设计(第二版)[M].闫寒冰,宋雪莲,赖平,译.上海:华东师范大学出版社,2017:3.
20. 汉宝德.设计型思考(第二版)[M].台北:联经出版公司,2017:3.
21. 詹姆斯.如何设计教学细节:好课堂是设计出来的[M].黄程,译.雅淑北京:中国青年出版社,2018:1.
22. [美]R.基斯·索耶.剑桥学习科学手册[M].徐晓东,等,译.北京:教育科学出版社,2017:4.
23. [美]威廉姆·沃克·阿特金森.逻辑十九讲[M].李奇,译.南京:江苏人民出版社,2018:12.
24. 费孝通.乡土中国乡土中国[M].北京:北京大学出版社,2012:10.
25. 费孝通.中华民族的多元一体格局:民族学文选[M].北京:生活·读书·新知三联书店,2021:1.
26. [澳]彼格斯,凯文,F.科利斯.学习质量评价:SOLO分类理论——可观察的学习成果结构[M].高凌飚,张洪岩,译.北京:人民教育出版社,2021:12.
27. [新西兰]约翰·哈蒂.可见的学习:最大程度地促进学习(教师版)[M].金莺莲,洪超,裴新宇,译.北京:教育科学出版社,2015:4.
28. 罗晓晖,冯胜兰.中学语文名师课例深度剖析[M].上海:华东师范大学出版社,2020:6.
29. [美]莫提默·J.艾德勒,查尔斯·范多伦.如何阅读一本书[M].郝明义,朱衣,译.北京:商务印书馆,2014:10.
30. [德]尼采.孤独的力量:内心才是一切的答案[M].琳中展羽,译.天津:天津教育出版社,2020:1.
31. [加]马克斯·范梅南.实践现象学:现象学研究与写作中意义给予的方法[M].尹垠,蒋开君,译.北京:教育科学出版社,2018:6.
32. [英]约翰·哈登,罗纳德·哈登.医学教师必读:实用教学指导[M].王维民,等,译.北京:北京大学医学出版社,2019:1.
33. [美]C.赖特·米尔斯.社会学的想象力[M].李康,译.北京:北京师范大学出版社,2017:3.
34. [美]马克辛·格林.学习的风景[M].史林,译.北京:北京师范大学出版社,2016:7.
35. [美]史蒂芬·平克.思想本质:语言是洞察人类天性之窗[M].张旭红,梅德明,译.杭州:浙江人民出版社,2015:8.
36. [美]史蒂芬·平克.语言本能:人类语言进化的奥秘[M].欧阳明亮,译.杭州:浙江人民出版社,2015:5.

37. [俄]列夫·维果茨基.思维与语言[M].李维,译.北京:北京大学出版社,2010:10.
38. [德]卡尔·雅斯贝尔斯.什么是教育[M].邹进,译.北京:生活·读书·新知三联书店,1991:3.
39. [英]麦克·格尔森.如何在课堂中使用布卢姆教育目标分类法[M].汪然,译.北京:中国青年出版社,2019:6.
40. [美]奇普·希思,丹·希思.瞬变:如何让你的世界变好一些[M].焦建,译.北京:中信出版社,2010:11.
41. 姚春树,袁勇麟.20世纪中国杂文史[M].福州:福建教育出版社,1998:9.
42. 夏征农.大辞海[M].上海:上海辞书出版社,2009:8.
43. 上海辞书出版社.辞海(第七版)[M].上海:上海辞书出版社,2020:9.
44. [美]侯世达,[法]桑德尔.表象与本质:类比,思考之源和思维之火[M].刘健,胡海,陈祺,译.杭州:浙江人民出版社,2019:4.
45. [美]尼尔·布朗,斯图尔特·基利.学会提问(第11版)[M].吴礼敬,译.北京:机械工业出版社,2019:1.
46. [美]伯纳·派顿.身边的逻辑学[M].黄煜文,译.北京:中信出版社,2011:8.
47. [美]布鲁斯·N·沃勒.优雅的辩论:关于15个社会热点问题的激辩[M].杨悦,译.北京:中国人民大学出版社,2015:8.
48. [法]古斯塔夫·勒庞.乌合之众:大众心理研究[M].冯克利,译.北京:中央编译出版社,2004:1.
49. [美]安东尼·韦斯顿.论证是一门学问(第五版)[M].姜昊骞,译.成都:天地出版社,2019:5